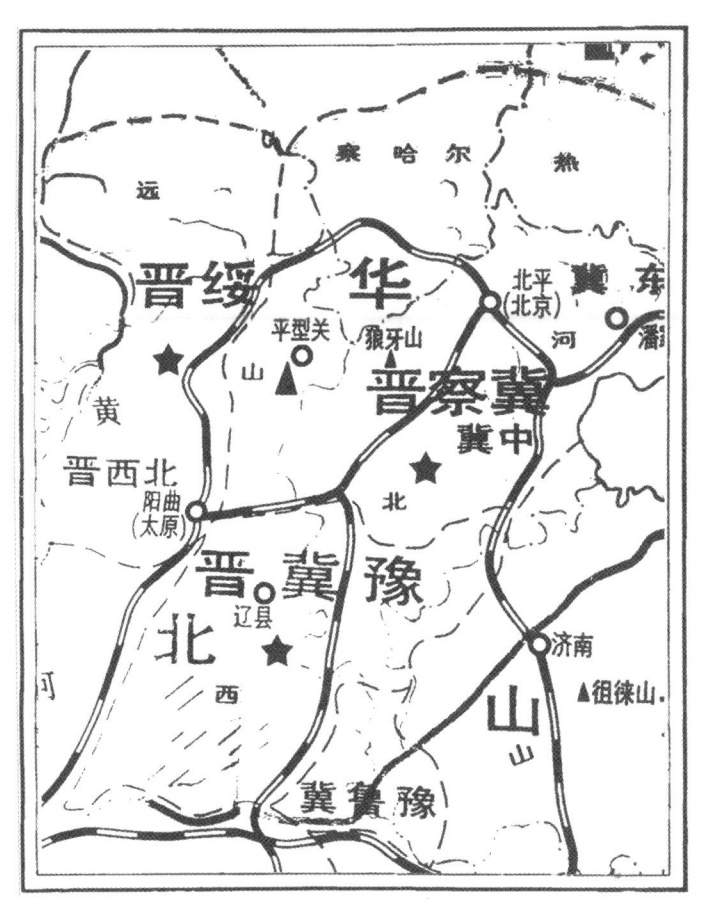

山西抗日根据地文化传播研究——影像卷

主编 张汉静

张焰 著

山西出版传媒集团　山西人民出版社

图书在版编目（CIP）数据

山西抗日根据地文化传播研究.影像卷/张汉静主编；张焰著.－－太原：山西人民出版社，2023.11
ISBN 978-7-203-12778-9

Ⅰ.①山… Ⅱ.①张… ②张… Ⅲ.①农村革命根据地－文化传播－研究－山西 Ⅳ.①K269.5

中国国家版本馆CIP数据核字（2024）第101735号

山西抗日根据地文化传播研究.影像卷

主　　编：	张汉静
著　　者：	张　焰
责任编辑：	武海峰
复　　审：	吕绘元
终　　审：	李　颖
装帧设计：	张慧兵

出 版 者：	山西出版传媒集团·山西人民出版社
地　　址：	太原市建设南路21号
邮　　编：	030012
发行营销：	0351-4922220　4955996　4956039　4922127（传真）
天猫官网：	http://sxrmcbs.tmall.com　电话：0351-4922159
E-mail：	sxskcb@163.com　发行部
	sxskcb@126.com　总编室
网　　址：	www.sxskcb.com

经 销 者：	山西出版传媒集团·山西人民出版社
承 印 厂：	山西基因包装印刷科技股份有限公司
开　　本：	720mm×1020mm　1/16
印　　张：	8
字　　数：	140千字
版　　次：	2023年11月　第1版
印　　次：	2023年11月　第1次印刷
书　　号：	ISBN 978-7-203-12778-9
定　　价：	60.00元

如有印装质量问题请与本社联系调换

总 序

山西地处黄土高原，有"表里山河"之称，具有俯瞰中华之形势的独特地理优势。东出太行可以直下黄淮海平原而经略中原，西向可凭借吕梁山脉和背后的黄河成为拱卫西北之屏障，由北向南排列的山川和盆地则是层层抗击北方军事力量南下的阻击阵地。因此，山西自先秦时代起就是兵家必争之地，有"得山西者得天下"之称。不可替代的战略地位使得山西每每在民族危亡而奋力抗争之际，总会担当起救亡图存的历史重任。

晚清以来，1840年至1842年英国侵略中国的鸦片战争，1856年至1860年英法联军侵略中国的第二次鸦片战争，1884年至1885年法国侵略中国的战争，1894年至1895年日本侵略中国的战争，1900年八国联军侵略中国的战争……西方列强通过对中国的多次侵略战争和其他方法，强迫中国割地、赔款，贪婪地攫取种种特权。再加上政治上的腐朽、经济上的衰败、产业上的不济导致的社会无序、国力羸弱、人心涣散，不但为外敌的入侵大开方便之门，更使得中华民族在面对列强的侵略和压迫时，逐步丧失了坚决斗争的意志和敢于胜利的信心。而1931年面对日本军国主义的入侵，中华民族艰苦卓绝的浴血奋战取得了中国人民抗日战争的伟大胜利，则是对这种颓废局面的一次成功扭转。这其中，在自1937年7月开始至1945年8月结束的八年全民族抗战中，中国共产党及其领导的武装力量依托山西建立的抗日根据地，进行的军事、文化、社会等方面的斗争实践所取得的丰厚成果，再一次印证了山西这片热土对于中华民族生死存亡的独特价值。

一、山西抗日根据地的创建及其历史地位

九一八事变后，中日民族矛盾逐渐超越国内阶级矛盾，上升为主要矛盾，中国共产党率先高举武装抗日旗帜，广泛开展抗日救亡运动。在日本军国主义的强大压力下，中华民族面临空前严重的危机。面对侵华日军铁蹄的步步紧逼，全国各地不断掀起抗日救亡运动，在各阶层人民强烈要求停止内战、一致抗日的呼声中，中国共产党作为最具政治组织力的先进政党，坚持全面抗战路线，率先提出武装抗日和建立抗日民族统一战线的主张，积极促成了以第二次国共合作为基础的抗日民族统一战线。1937年日本侵略者蓄意制造七七事变，发动了全面侵华战争，在国民政府全面退却的形势下，中国共产党领导的八路军却以战略进攻的态势东渡黄河，开赴山西，创建了中国第一个抗日根据地。在此后全民族抗战的八年中，以山西抗日根据地为主体的山西战场始终是中国共产党领导的敌后抗日斗争工作的重中之重，不但对稳定华北抗战形势起着决定性的作用，更使得山西战场成了"全国抗战的桥头堡"、世界反法西斯战争的重要战场。

农村包围城市、武装夺取政权、创立革命根据地的道路是中国共产党人在长期的革命斗争中，历经血与火的洗礼及失败与成功的过程，所逐步形成的取得革命胜利的宝贵经验。1937年8月22日，中国共产党在陕北洛川召开了中央政治局扩大会议，通过了《中共中央关于目前形势与党的任务的决定》和《中国共产党抗日救国十大纲领》，确立了全面抗战的路线，决定将党的工作重心转移到战区和敌后，军事工作的重点为开辟敌后战场、建立敌后抗日根据地、进行独立自主的游击战争。25日，中共中央革命军事委员会发布命令，宣布红军改名为国民革命军第八路军（简称"八路军"），红军前敌总指挥部改为第八路军总指挥部，红军总政治部改为八路军政治部，八路军下辖第115师、第120师、第129师三大主力。洛川会议后，八路军三大主力根据中革军委和八路军总部关于建立抗日根据地、独立坚持华北抗战的指示精神，奉命东渡黄河进入山西，开始了晋察冀、晋绥、晋冀豫三大抗日根据地的创建和发展工作。

八路军第115师在晋东北地区创立晋察冀抗日根据地。包括晋北、

冀西、冀中、察南的五十余县，是中国共产党创建的第一个敌后抗日根据地。该师下辖两个旅、一个独立团以及其他配属部队约1.55万人。1937年9月25日，八路军第115师主力在平型关伏击日军，歼敌1000余人，击毁汽车100余辆。平型关大捷是全民族抗战爆发后中国军队主动对日作战取得的第一个重大胜利，打破了侵华日军所谓"不可战胜"的神话，极大地振奋了全国军民的抗战信心，提高了共产党和八路军的声望，使许多人由此相信共产党不但坚决抗日，并且是有能力战胜敌人的。平型关战役后，第115师分散转入日军翼侧及其后方开展游击战争，其中一部南下阳泉、寿阳地区作战；一部于五台山地区开展游击战争，创建晋察冀抗日根据地，并成立边区政府。1937年11月7日，晋察冀军区成立。1938年春，第115师一部进入北平西山一带，开辟平西根据地；4月，建立冀中根据地；6月，建立冀东根据地。这些根据地的开辟大大拓展了晋察冀根据地的范围，成为华北敌后抗战的坚强堡垒。

八路军第120师在晋西北地区创建晋绥抗日根据地。该师下辖两个旅、一个教导团以及其他配属部队约1.4万人。1937年9月下旬，第120师一部随师部进入宁武、岢岚、五寨等县交界的管涔山创建抗日根据地；另一部进入五台、平山地区开展敌后游击战，创建抗日根据地。到1938年12月，第120师一部进入绥远阴山山脉中段的大青山地区，依托大青山相继开辟了绥中、绥南、绥西抗日根据地。这些抗日根据地逐步连成一片，构成了晋绥抗日根据地。晋绥抗日根据地位于黄河晋陕峡谷以东，包括山西西北部和绥远东南部广大地区，是拱卫陕甘宁边区和党中央的重要屏障，有效地完成了党中央赋予的防止日军西渡黄河侵扰陕甘宁边区的战略任务，不但确保了中共中央的安全以及与各敌后根据地的交通与联系，同时在必要时还给予了陕甘宁边区物资供应和经济支撑。

八路军第129师在太岳和太行山区创建晋冀豫抗日根据地。第129师下辖两个旅以及其他配属部队约1.3万人。1937年10月，八路军第129师主力开赴晋东南的太行和太岳山区，依托太行山创建晋冀豫抗日根据地。晋冀豫抗日根据地是中共中央北方局和八路军总部机关所在地。

抗战期间，晋冀鲁豫抗日根据地共歼灭日伪军42万余人，为夺取整个抗日战争的最终胜利发挥了重大作用。

由于地理上的优势，山西在三大抗日根据地相继创建后形成了东北、西北、西南、东南四个方向均有根据地的抗战局面，使得侵入山西的日军实际上陷入了被四面包围的态势，形成了全国抗战总体不利条件下的局部有利。这样，日军以占领的中心城市和交通要道为重点向外扩张，中国共产党领导的抗日武装则以根据地为出发点，用独立自主的山地游击战方式，向日军控制的中心城市和交通要道进行挤压，构成了山西抗战的基本格局。纵观整个抗日战争，中国共产党领导的山西抗日根据地的地位极其重要。它的创建是在全面抗战战略防御阶段中的战略进攻；它的巩固成为抗日战争战略相持阶段坚实的战略支撑；它的壮大更使其成为抗日战争战略反攻阶段中的战略出发点。总之，从战争的全局来看，中国共产党领导的山西抗日根据地对抗日战争的完全胜利做出了不可替代的重要贡献。

在全面抗战中，山西抗日根据地始终是中国共产党领导的敌后抗日斗争的重要组成部分。山西抗日根据地不仅是中国共产党领导下的军事、政治、经济组织，它还形成了完整而又有相对独立性的地方政权，为中国共产党领导的军事建设、政治建设、经济建设和文化建设提供了丰富的实践场所和内容，成了中国共产党领导的新民主主义革命斗争的试验田和战略支撑点。山西抗日根据地的建设不仅是中国共产党领导的军事力量、政治力量和新型文化力量不断输入的过程，同时也是山西抗日根据地以其丰富的历史文化传统和斗争经验不断丰富中国共产党的革命理论的互动过程。中国共产党在山西抗日根据地形成的社会工作经验和教训，不仅是中国共产党领导的抗日战争取得胜利的根本保障，而且为解放战争最终夺取全国胜利以及新中国的建设，在干部队伍培养、社会治理、文化建设等方面提供了坚实、可靠的社会经验和人才保障。因此，中国共产党领导山西抗日根据地建设的工作方式、方法以及所取得的成效尤其值得重视。

二、山西抗日根据地的文化传播及重要影响

面对侵华日军的疯狂入侵,军事斗争无疑是山西抗日根据地赖以存在的根本。但是,单纯的军事斗争观点历来都是毛泽东同志批判的对象。在中国共产党人的世界中,军事、政治、文化从来就是一个辩证的统一体,文化建设作为宣传、动员人民群众的重要手段,与军事斗争具有同等的重要性。

1. 文化建设是山西抗日根据地的灵魂

早在1929年毛泽东同志就认为"中国共产党人的军队是执行政治任务的武装集团",即"负责打仗消灭敌人军事力量,还要负担宣传群众、组织群众、武装群众、帮助群众建立革命政权以至于建立共产党的组织……",而"扩大政治影响争取广大群众……是红军第一个重大工作"。1938年,毛泽东在中共六届六中全会上的政治报告《论新阶段》中指出:"在一切为着战争的原则下,一切文化教育事业均应使之适合战争的需要。"1940年1月,毛泽东在《新民主主义论》中指出:"革命文化,在革命前是革命的思想准备;在革命中是革命总路线中的一条必要和重要的战线。"1942年5月,毛泽东同志《在延安文艺座谈会上的讲话》一文中进一步指出:"在我们为中国人民解放的斗争中,有各种的战线,其中也可以说有文武两个战线,这就是文化战线和军事战线。我们要战胜敌人,首先要依靠手里拿枪的军队。但是仅仅有这种军队是不够的,我们还要有文化的军队,这是团结自己、战胜敌人必不可少的一支军队。'五四'以来,这支文化军队就在中国形成,帮助了中国革命……"因此,中国共产党领导山西抗日根据地的建设与发展也绝不仅仅是单纯的军事斗争问题,宣传教育群众、组织动员群众等文化建设方面的工作与军事斗争工作具有同样重要的意义。文化建设为山西抗日根据地的存在和发展提供了更深层次的社会支撑,在某种程度上,文化建设是山西抗日根据地的灵魂。

没有文化上的根本转变,就不会有真正意义上的社会形态的转变。在中国共产党的军事斗争和文化建设并重的指导原则下,山西抗日根据地

的社会文化形态和政治形态在抗战中出现了重大转向。社会文化形态方面由地方军阀、地主阶级为主体的传统思想文化，转向了以无产阶级为主体的新兴的新民主主义的思想文化；社会政治形态由军阀割据与专制，转向了人民民主专政下人民当家作主的民主和自由。可以说，中国共产党的文化建设使得山西抗日根据地的社会风貌和人文气息出现了脱胎换骨的变化，进而使得山西抗日根据地以一种全新的姿态昂首伫立在了中华民族命运转变的历史潮头。从抗战中山西抗日根据地社会形态方面出现的重大转向来看，中国共产党的文化建设工作厥功至伟，它将一个"白色的山西"转变成一个"红色的山西"，淋漓尽致地传播与弘扬了抗战精神，有效地把各地民众发动起来。中国共产党在山西抗日根据地形成的工作内容、工作方法和培养的干部队伍，不仅使得山西抗日根据地的发展得以巩固，而且对周边其他省份起到了辐射带动作用，为抗日战争的最后胜利以及解放战争和新中国的建设积累了丰富的社会实践经验。

2. 文化建设的必要路径是文化传播

中国共产党山西抗日根据地的文化建设是服务于中国共产党的政治主张和军事目的的。在八路军北上抗日之前，山西广大人民群众对中国共产党及其主张普遍缺乏正确的认识。毛泽东同志认为"战争的伟力之最深厚的根源存在于民众之中"，抗日根据地得以存在和发展必须要有广泛和坚实的群众基础。对此，1937年八路军三大主力进入山西开辟敌后战场并建立抗日根据地的同时，必须面对如何开展群众工作的问题，即要面对如何融入人民群众之中获得理解和支持，如何使中国共产党的抗日主张有效地获得抗日根据地人民群众的认可，如何进一步地动员人民群众支持中国共产党的主张并积极投身抗战及根据地社会建设等方面的问题。

文化传播是一个社会或者群体的文化向其他社会或者群体辐射传播的过程，通常是从文化高地流向文化低地。山西自古就是文化大省，具有丰厚的历史文化传统，文化上的封闭性和保守性也尤为显著。这就使得其在面对外来异质文化时，有着很强的"免疫"能力。这种特点同样体现在作为山西传统文化基因承载者的山西广大人民群众的思想上。从这个意义上讲，群众工作就是新的文化如何同旧的文化衔接的工作。山西抗日根据地的文化建设问题，就是广大人民群众思想的建设问题，同样也是中国共产党的文化思想对山西广大人民群众有效传播的问题。

中国共产党领导的文化工作者早在南方中央苏区的时候，就结合当地的文化形成了具有自身特点的文化传播内容和方式、方法。他们的思维方式、语言语调、穿着服饰、行为做派等，对于相对封闭的山西抗日根据地的广大人民群众而言具有很强的异质性，既有陌生感，又具新鲜感。抗战全面爆发后，随着各地爱国文化人士的加入，中国共产党领导下的文化传播工作的异质性对于山西抗日根据地的广大人民群众而言尤其明显。山西抗日根据地的民众作为传播的对象，在长期面对中国共产党的文化传播时必然会有深层次的交流和互动，会存在排斥、包容、吸收、改造等各个方面的问题。这些问题的出现起始于异质文化对山西的传播，解决于文化传播的整个过程。这个过程不但充分考验着中国共产党人的理想、信念和智慧，而且为古老的山西大地注入了全新的文化基因。在这个文化传播的过程中，我们还会发现，山西自身的文化不但没消亡，反而借助中国共产党的文化平台走向了全国、走向了世界，进行了更为广泛的传播。

3. 文化传播服务于文化软实力和文化主导权的构建

文化软实力的概念是由美国人约瑟夫·奈提出的。软实力不是以有形的力量去压迫对方，它是从包括意识形态、道德准则、社会制度、生活方式、文化吸引力、政治价值观吸引力及塑造规则和决定议题的能力等方面以无形的力量入手，依靠自身的"吸引力"来诱导对方妥协和跟随。文化主导权的提出者是西方马克思主义的著名理论家、意大利共产党的早期建设者和领导人之一安东尼奥·葛兰西。文化主导权指的是统治者从意识形态及文化领域入手，使被统治者心甘情愿而非强迫性地认可和接受统治阶级的意识形态和世界观、价值观，以及文化、道德、习俗等，并被支配和同化。

文化传播、文化软实力和文化主导权三个概念是相互贯通、互为依托的。文化软实力并不是一个孤立的概念，它是建立在文化比较的基础之上的。在缺少不同国家、地区以及社会群体之间文化的交流、对比或者碰撞的情况下，单独谈软实力是没有意义的。同时，软实力不是一个静止的概念，而是一个动态的概念。软实力的实现必须通过社会文化的流动和接触，也就是文化传播来实现。这其中文化传播是基础和手段，是软实力得以实现的工具和现实途径。同时，文化软实力给予了文化传播内生动力和必要支持。文化主导权是对社会文化和主流意识形态的把控。所以，文化主导权的外在表现就是主流意识形态在面对其他意识形态的文化传播时，能够以自身的文化软实力来有效地维护和掌控社会文化的根基。这样看来，文化主导权不但根植于文化软实力，而且是文化软实力的终极体现，是文化软实力和文化传播的服务对象。文化传播和文化软实力构建的最终目的就是对于文化主导权的掌控。

对于山西抗日根据地的共产党人来说，如何使广大人民群众自觉地在思想意识、道德规范、社会制度、生活习惯、精神文化、行为方式等方面同封建、保守的社会文化相脱离，接受中国共产党的主张，并积极投身于反抗侵略和封建压迫的斗争中，就是中国共产党人在山西抗日根据地一切文化建设工作所要达到的目的。在这个转变过程中，中国共产党人并没有以暴力和强迫的手段来裹挟山西抗日根据地的广大人民群众，而是以自身的文化软实力通过文化传播的方式，逐步构建起全新的社会文化形态，比较全面地达成了中国共产党人的军事和政治工作目标，并牢牢地掌握了社会文化的主导权。正如当时的文艺工作者所说："我们的文艺反映抗战中民众的英勇光辉的斗争，来鼓舞最大的民族战斗热情，来争取胜利；我们要建设新民主主义社会，我们的文艺通过所刻画的各阶级人物的典型和他们的相互联系，来指示新民主主义的具体道路。"所以，当我们回望山西抗日根据地的文化建设时，会发现中国共产党的文化传播的过程同时也是中国共产党文化软实力和文化主导权的构建过程。

对中国共产党建党以来的革命历程和建设经验进行总结可以发现，

中国共产党人在文化建设方面有三个特点：首先，文化软实力的建设始终是中国共产党克敌制胜的优良传统。文化软实力的建设与斗争方面的工作始终是中国共产党人工作的重点。在中国共产党革命斗争的历史进程中，"敌强我弱"从来都是硬实力方面的比较，但从文化软实力和社会文化的主导权方面来说，中国共产党从来都是占据优势地位的。其次，中国共产党文化软实力的建设是通过文化传播的途径来实现的，其最终的社会效果就是在文化软实力方面占据强势地位，并牢牢地掌握着社会文化的主导权。最后，社会文化主导权的获得是中国共产党取得全面胜利的重要保障，也是中国共产党人的革命斗争区别于其他武装力量的根本特点。

三、山西抗日根据地文化传播研究的理念及基本遵循

中国共产党山西抗日根据地文化建设工作取得的丰厚成果，使得整个抗战期间中国共产党在同山西地区的国民党势力和日伪势力对抗时，能够在文化软实力的较量中始终占据优势地位，进而牢牢地掌握着社会文化的主导权。这种局面主要是通过中国共产党的文艺队伍在文化理论、新闻、文学、教育、音乐、戏剧、美术、影像等社会文化生活的若干方面，将中国共产党人的军事和政治方针、政策，以及文化思想等方面的主张，结合山西抗日根据地自身的特点，以新文化、新气象的面貌，广泛地向山西抗日根据地的社会大众进行传播而取得的。这些方面的文化传播工作，是中国共产党在抗战时期软实力建设工作的具体呈现，是中国共产党在军队发展和政权建设方面争取民众，进而夺取社会和文化主导权的成功典范。毕竟，在抗日战争之前山西的广大地区还是一片"新文化的沙漠"，大众传播和文化建设甚少或者几乎没有，周而复在《晋察冀行》中有过这样的描述："虽然过去报纸和农民不相干，但现在……读报正成为他们生活的一部分。"中国共产党在山西抗日根据地的文化传播活动造就了近代山西黄土高原的第一个"新文化的高峰"。《山西抗日根据地文化传播研究》的理念，就是要运用历史唯物主义的分析方法，真实地反映历史，深入探讨中国共产党人在文化传播、文化软实力建设和文化主导权的构建

等方面的经验和教训。对此，我们在研究和撰写的过程中要基本遵循以下五个"突出"：

第一，突出党性。在《山西抗日根据地文化传播研究》的整个写作过程中，我们时时刻刻都能感受到中国共产党领导下的山西抗日根据地在创立、建设和发展的各个阶段中，中国共产党人在坚定的信念下所展现出来的不可动摇的党性光芒。这种光芒不但体现在山西抗日根据地军事斗争方面，更体现在中国共产党的文艺队伍在文化理论、新闻、文学、教育、音乐、戏剧、美术、影像等若干领域广泛地向社会大众进行了生动的传播。我们在丛书的写作中，就是要以鲜活的历史史实来展现中国共产党人在决定中华民族命运的关键时刻的历史担当，并把这种坚定的党性贯彻于写作的始终。

第二，突出人民性。中国共产党的党性和人民性是一个辩证的统一体。毛泽东同志认为"人民，只有人民，才是创造世界历史的动力"，这是中国共产党人唯物史观的基本原则。自建党始，中国共产党人的初心和使命，就是为中国人民谋幸福，为中华民族谋复兴。中国共产党的文化建设归根结底是来自于人民、服务于人民的。同时，人民性也正是中国共产党文化软实力建设和文化主导权构建的核心。对于中国共产党而言，脱离开人民性的文化传播是无本之木，只有以人民群众的根本利益作为中国共产党所有工作的出发点和落脚点，充分调动人民的积极性和主动性，这样的文化软实力和文化主导权的建设，才是真正建立在全体人民的立场上的，才真正具有牢不可破的坚实性。山西抗日根据地的文化传播无论是传播的内容、对象、渠道，还是方式和方法，都是围绕山西抗日根据地的人民这一中心展开的，反映着根据地人民群众的文化、思想和情感，代表着人民群众的利益、诉求和愿望。将这种内在的人民性在山西抗日根据地文化生活的若干主要方面进行展现，也是编写本套丛书的重要目的。

第三，突出逻辑性。在《山西抗日根据地文化传播研究》的写作中，我们发现单纯的历史史实的堆砌并不能有效地突出"文化传播的历史"这个主旨及内涵。对此，我们需要从文化的基本概念入手来了解文化的特点和属性问题,从文化的流动性来理解文化传播的内生性,从文化的接触、交流和碰撞中来观察文化传播过程中产生的文化话语权或者主导权的问题,进而发现这其中斗争各方文化软实力的建设与博弈。在这样的逻辑线索下,可以充分理解山西抗日根据地的文化传播在文化理论、新闻、文学、教育、音乐、戏剧、美术、影像等各领域所涉及的内容对中国共产党革命文化传播的重要性。因此,本套丛书的卷与卷之间、卷与整体之间都有着相同的主线和内在的逻辑关系,其宗旨都是全面地反映中国共产党领导的山西抗日根据地,在文化领域中开展革命斗争的巨大作用和重要意义。

第四,突出当代性。山西抗日根据地是中国共产党领导下的完整而又有相对独立性的地方政权。中国共产党在山西抗日根据地的工作,为新中国成立后中国共产党全面执政提供了丰富而鲜活的社会经验及人才队伍,进而使这两个历史时期的文化传播事业的许多方面都表现出很强的一致性。历史经验证明,中国共产党人在山西抗日根据地所体现出的思想、方法和经验,已经成为中国特色社会主义思想理论体系及工作方法、经验的历史源泉之一。

山西抗日根据地时期文化传播事业的成功经验以及其中所包含的政治智慧,今天依然不乏启示意义和借鉴作用。鉴往知来,历史总是系于当下的需求,从这个意义上讲,一切历史都是当代史,即使在文化传播事业飞速发展、习近平新时代中国特色社会主义的宏伟蓝图徐徐展开、中华民族伟大复兴胜利在望的今天,回顾这段历史依然不乏当下意义。

第五,突出融合性。"山西抗日根据地文化传播研究"拥有一个集多学科专家学者于一体的研究团队,也是一个多学科交流融合的学术平台。作为多个平行的学科,他们各自都有着自己的学科框架和研究重点。山西抗日根据地文化传播研究就是将历史、传播和各自的专业学科相融合,以历史为线索,从传播学角度去检视山西抗日根据地中国共产党文化事业的传播主体、传播方式、传播途径、传播效果等问题,这项研究是具有开创性的,也是有意义的。为了在写作中突破学科壁垒,使学科有机融合,我们多次和历史学、传播学的专家学者反复研讨,破解难题,形成共识,填补学术空白，力求为文化传播史的学术前沿开拓出一片新的天地。

四、山西抗日根据地文化传播研究的主要内容

中国共产党人在山西抗日根据地进行的文化传播并不仅仅局限于某些单独和孤立的方面，而是在全社会的层面，分层次、成系统、全方位地展开的，是一套完整的社会体系的构建，具体体现在文化理论、新闻、文学、教育、音乐、戏剧、美术、影像等社会文化生活的若干主要方面。这些方面的工作既相互联系，又相互区别，在共同完成中国共产党赋予的社会和政治任务的同时，牢牢地掌握了社会文化的主导权。《山西抗日根据地文化传播研究》丛书的撰写也正是沿着如下的路径而展开。

抗战文化理论既是早期马克思主义中国化理论（毛泽东思想）的重要组成部分，又是山西抗日根据地文化宣传工作的理论基础和方法论指导。抗战文化理论来自山西抗日根据地文化宣传实践对理论指导的需求，是中国共产党苏区时期"理论武装群众"工作传统的继承、创新和发展。深入研究抗战文化理论的形成、实践和发展，揭示其所蕴含的精神价值、理论价值、实践价值，不仅有利于对山西抗日根据地文化传播理解的深化，更有利于理解中国共产党对民族精神和时代精神进行塑造的价值和对实践的指导。

山西抗日根据地新闻传播是中国共产党人最重要的文化传播手段之一。在中国共产党的领导下，山西抗日根据地新闻传播事业从无到有，由小到大，克服重重困难，编辑创办了大量的报纸、杂志，宣传党的方针政策，指导根据地建设，更新了旧的思想文化，在舆论阵地上同日本侵略者和国民党顽固派展开斗争，创造了很多办报史上的传奇，并在中国共产党的新闻传播史上留下了光辉的印记。

抗战中的中国文学肩负着唤醒国民起来抗争的历史重任。山西抗日根据地的文学工作者是中国共产党文化软实力的重要建设者，他们走出了象牙塔，离开了书斋，进入山西抗日根据地军民的具体社会实践与抗敌斗争中，使得抗战文学获得了全新的、取之不尽的源泉，构建出抗战

文学传播的方向，为根据地政权的巩固和发展发挥了重要作用。山西抗日根据地的文学创作与传播，有效地完成了中国共产党赋予的夺取文化主导权的历史任务。

抗战时期，山西抗日根据地民众的文化水平普遍很低，在中国共产党的领导下，根据地人民因时因地制宜，利用各种人力和资源，克服恶劣条件下的重重困难，基本建立了以革命干部的教育为重心、青少年儿童的学校教育为主体、人民群众的社会教育为基础的特殊教育体系。他们运用各种灵活的教育方法，开展冬学运动，开设民众学校、大众补习学校、农民夜校、识字班、读报组等各种民众教育场所，在扫盲和提高民众文化水平的同时，唤醒了民众的民族与革命意识。

音乐最适合用来唤醒人们的灵魂。山西抗日根据地涌现出了大量的抗战音乐工作者和歌咏团体，他们在歌咏活动中通过团体演出、口头教唱、民歌改编、刊物印刷等各类文艺宣传形式，在山西抗日根据地形成了军民团结起来共同奏响抗日救国主旋律的生动社会文化景观，创造并构筑了山西抗日根据地音乐传播的时代记忆和民族精神史诗，更为新中国的音乐创作和传播提供了丰富的社会实践经验。

从舞台走向田野的革命戏剧活动在中国共产党政治思想的传播中占有重要地位。山西抗日根据地的革命戏剧工作者先后组织了上千个各类剧团（社），创作出大量贴近民众、贴近战斗和生活的戏剧作品，在戏剧的指导思想、剧本创作、剧团管理、人员培训、组织宣传等方面积累了全新经验，完成了自我提升，在宣传政策、统一思想、团结群众等方面做出了不可估量的贡献，也为新中国戏剧事业的发展提供了丰厚的社会历史经验。

美术图像是视觉传播的载体，同样也是中国共产党人领导山西抗日根据地对敌斗争的有效武器。在山西抗日根据地，党的美术工作者以游击战争的需要为出发点，以现实性和革命性为抓手，用能让民众读懂、看懂的传统民间美术语言形式，创造出新的美术范式和美术图像传播方式，有效地鼓舞了民众斗志，揭露了日本侵略者的恶行，坚定了根据地军民必胜的信心。山西抗日根据地的美术活动所孕育出的根据地美术范式和传播形式，时至今日仍然具有重要的影响和价值。

影像是艺术表达和日常生活中应用最广泛的传播符号。在大众传播中，它特殊的符号性和其自身所传达意义的无限可能性创造出了一个又一个"视觉神奇"。山西抗日根据地的影像真实而形象地宣传了中国共产党的方针政策，记录了中国共产党领导的八路军在山西抗日前线浴血奋战的英雄事迹，反映了山西抗日根据地军民团结、支援前线的艰苦岁月，揭露了日本侵略者在山西犯下的种种罪行。

丛书中的每一卷都是《山西抗日根据地文化传播研究》的重要组成部分，但各卷又自成体系，独立成书。

五、研究山西抗日根据地文化传播的作用及现实意义

2014年10月15日，中共中央总书记、国家主席、中央军委主席习近平同志在北京主持召开文艺工作座谈会并发表重要讲话。习近平总书记指出："文艺事业是党和人民的重要事业，文艺战线是党和人民的重要战线。"习近平总书记还指出："每到重大历史关头，文化都能感国运之变化、立时代之潮头、发时代之先声。"2015年9月3日，在庆祝伟大的抗日战争胜利70周年的庆典中，习近平总书记进一步指出："中国人民抗日战争和世界反法西斯战争，是正义和邪恶、光明和黑暗、进步和反动的大决战。"这场战争"彻底打败了日本军国主义侵略者，捍卫了中华民族5000多年发展的文明成果"，"开辟了中华民族伟大复兴的光明前景，开启了古老中国凤凰涅槃、浴火重生的新征程"。中国共产党在山西抗日根据地的文化传播工作，正是在国运变化之际担当起了立时代潮头、发时代先声的历史重任。文化是民族生存和发展的重要力量，中国共产党山西抗日根据地的文化传播、文化软实力和文化主导权的构建历程，赋予了中华民族强大的精神文化力量，为中华民族的发展注入了全新的文化基因，同时也为新时代的文化传播、文化软实力和文化主导权的构建提供了丰富、可靠的历史参照。

当今世界正经历百年未有之大变局，中华民族正处于实现伟大复兴的关键时期。1840年以来，中华民族从来没有像今天这样靠近世界舞台的中央，从来没有像今天这样接近实现民族复兴的伟大目标。面对外部挑战与机遇并存的纷繁局势，习近平总书记指出："古往今来，中华民族之所以在世界有地位、有影响，不是靠穷兵黩武，不是靠对外扩张，而是靠中华文化的强大感召力和吸引力。我们的先人早就认识到'远人不服，则修文德以来之'的道理。"为此，我们必须继续推动社会主义文化的繁荣兴盛，继续牢牢地掌握意识形态的工作领导权，培育和践行社会主义核心价值观，坚定文化自信，建设社会主义文化强国。我们必须从建设社会主义文化强国的高度，继续做好新时代的文化传播工作，为国家文化软实力的"行于中、发于外"提供助力，将文化主导权牢牢地掌握在中华民族自己手中。

学术研究无止境，山西抗日根据地文化传播研究是一次全新的学术探索。虽然有关抗日战争和山西抗日根据地的研究成果颇多，包括政治、经济、军事、社会、教育、文艺等方面，但从传播学的角度，以文化传播的概念和范畴为主线对山西抗日根据地进行研究的成果还非常有限。而山西抗日根据地文化传播研究所要呈现的山西抗日根据地的中国共产党革命文化传播的历史，就是在传播学的概念和范畴去探讨作为新兴文化源头的中国共产党，是如何通过文化的辐射和传播对山西抗日根据地的创立、建设、发展的过程及全民抗战产生积极作用的，这就使得本书具有了不同于传统视角的重要学术价值。当然，对于这样一个具有挑战性、前沿性的学术创新研究，一是需要作者具有宽厚的多学科的知识背景和较高的理论素养，二是需要大量翔实的历史资料和相应扎实的实地考察。对此，我们在写作中最大限度地、尽可能全面地去搜集历史资料，力图用更高、更新的视角去回望历史，尽可能客观地再现这段辉煌的传播历程，完成我们这代人对那段难忘的岁月应负的历史使命。希望通过我们的努力，能对中国抗战史的研究起到补充和深化作用，能够进一步推动和完善对山西抗日根据地的研究。我们这个团队以年轻教授和博士为主体，大都是初次接触这样的重大学术创新课题，再加上思想水平、历史功底、认知能力和文字表述能力有限，在历史资料的搜集和挖掘上还存在缺失和遗漏，在历史资料整体性的把握上还显得稚嫩和不足，故疏漏与谬误在所难免，我们真诚地欢迎专家和学者批评指正。

山西传媒学院文创中心
张汉静
2020 年 6 月

序言

在伟大的中国人民抗日战争中,中国共产党领导的八路军和山西人民,在山西古老而厚重的土地上,同穷凶极恶的日本军国主义侵略者展开了英勇顽强、坚强不屈的斗争,创造性地建立了抗日根据地,为夺取抗日战争的伟大胜利作出了卓越的贡献,谱写了中国抗日战争和世界反法西斯战争史上光辉灿烂的篇章。

山西抗日根据地的建设,不仅为中国共产党领导的政治建设、经济建设、军事建设以及文化建设提供了实践场所和丰富内容,而且还成了中国共产党领导的新民主主义革命斗争的战略支持点和试验田。

抗日根据地的文化建设,包括新闻、文学、教育、音乐、戏剧、美术以及影像等各个方面。在抗日战争中,文化建设取得了巨大成绩,特别是影像传播方面,具有特殊的意义和作用。

当今,影像与历史的关系日益密切,影像成为历史记忆的媒介,并以影像语言的方式展开对历史的记录和叙述。与传统文字记录相比,影像对历史内容的记录往往能保留更多的历史细节及蕴藏其中的情感因素,在成就更为整体性的历史记忆的同时,又具有一定的视觉特征。

本书通过对抗日战争中山西抗日根据地影像传播的回顾与研究,包括纪实摄影、纪录片以及故事片的拍摄等,探讨抗战影像作为历史影像资料在历史记录中的独特价值,分析总结抗战影像传播与时代背景、史学观念、政治经济环境以及媒介技术发展等诸多因素之间的联系,阐述抗战影像传播如何展开对抗日战争的历史叙述和记忆构建等问题。

目录

第一章 山西抗日根据地的社会文化背景 …………………………… 01

第二章 山西抗日根据地影像传播的兴起 …………………………… 09

第三章 山西抗日根据地影像传播的摇篮 …………………………… 23

第四章 山西抗日根据地影像的传播者 ……………………………… 43

第五章 山西抗日根据地经典影像评析 ……………………………… 79

第六章 山西抗日根据地电影的兴起与发展 ………………………… 89

参考文献 …………………………………………………………………… 99

后记 ………………………………………………………………………… 103

致谢 ………………………………………………………………………… 105

第一章
山西抗日根据地的社会文化背景

中国人民的抗日战争是一部血与火的历史，是中华民族抗击外来侵略取得完全胜利的斗争史。七七事变爆发后，历史将山西推向了时代的前沿，三晋儿女在中国共产党抗日民主统一战线的旗帜下，不辱使命、浴血奋战，为争取全民族的解放和抗日战争的彻底胜利作出了巨大的贡献，彰显了中华民族的浩气和尊严。

然而，从五四运动到抗日战争爆发，马克思主义在山西的传播被专制统治所扼杀。而红色文化——无产阶级领导的人民群众的反帝反封建的新民主主义文化，在三晋大地上缺乏地域和媒介的承载。随着山西抗日民主根据地的创建，红色文化逐渐走上了合法舞台。

全民族抗战爆发后，杜任之、张友渔、侯外庐、高沐鸿、宋之的、沙飞等民主人士和文化界精英在省城太原组织了文化救亡活动。随着平津沦陷和以八路军为主导的根据地的建立，山西吸引了全国成千上万的文化名人与进步青年，他们满腔热血，与山西人民一起投身于伟大的抗日洪流中，创作出一大批鼓舞民族斗志、记录烽火岁月的文艺作品。在土地贫瘠、经济匮乏、文化落后的太行山脉与吕梁山脉中，诞生了民族的、大众的山西抗战文化，将古老悠久的山西历史文化推向辉煌灿烂的阶段。

毛泽东《在延安文艺座谈会上的讲话》这部马克思主义文艺纲领发表后，山西各抗日根据地的文艺工作者逐步统一了认识。他们纷纷走向火热的现实生活，深入群众当中，创作出一大批以民族斗争、阶级斗争和生产劳动为基本题材，反映新时代、新政权、新生活的大众化作品。

抗日根据地的小说、诗歌、戏剧、曲艺、音乐、美术、新闻、影像等都出现了空前的创作热潮。

平型关大捷后，共产党领导的抗日武装力量展开游击战争的战略部署。建立根据地的首要任务是全民总动员，振奋民族斗志，提升抗战必胜的信念。在这一阶段，文化工作者承担着大量宣传任务，成为动员工作的开路先锋。根据地创建时期，活跃在山西境内的文化队伍大致可分为三支主力：一是山西地方文化队伍，二是延安党中央派出和八路军政治部领导的文化队伍，三是从全国各地来山西的文化群体和文化工作者。

以"一二·九"运动为契机，红军东征奏响了抗日战争的序曲，有力地推动了抗日民族统一战线在山西的形成。

1936年，在全国人民的支援下，绥远抗战取得了胜利，太原文化教育界人士组团赶赴前线，组织募捐活动，掀起了长城内外同仇敌忾的狂潮。西北影业公司组织战地摄影队奔赴前线，拍摄了电影纪录片《绥东前线》。吕骥、刘良模、崔嵬、陈波儿等国内许多知名艺术家都带领演出慰问团来到绥远前线，演出了《放下你的鞭子》等国防戏剧作品，给予了抗战将士极大鼓舞。这是国内文化界人士第一次在国防前线演国防剧，意义十分重大。

当时，太原成立了多种文化救亡团体，开始了积极的救亡活动。太原各大中小学校教师组织了音乐教育研究会，率领师生走出校园，走上街头和广场，到工厂、兵营去教唱抗战歌曲。社会各界的歌咏合唱团队如雨后春笋般成立。1937年的春夏，太原是一片抗战救亡歌咏的海洋，歌声成为团结和力量的象征，唱出了中国人民同仇敌忾的斗争意志和抗战必胜的坚定信念。

七七事变前，党组织已经开始有计划、有步骤地转移和疏散文化工作者到乡村中去开展文化传播工作，以便动员民众建立根据地。在太行山区，高沐鸿等人创办了月刊《文化哨》，这成为该区域文化运动的第一支响箭。太原新生剧院人士参加了游击训练班，接受游击训练，后加入了战动总会的动员宣传团，活跃于晋西北、晋东北，成为当地的一支文化宣传劲旅。在专业文化宣传团体和文化工作者的带动下，根据地内的各级抗日民主政权和团体纷纷建立了培训班、宣传队和剧团。

全民族抗战爆发伊始，以丁玲为团长的第十八集团军西北战地服务团（简称"西战团"）组建起来，毛泽东勉励全团要遵守纪律，宣传上要做到群众喜闻乐见。西站团共活动6个月，途经山西16个县和近百个村庄。"昨日文小姐，今日武将军"的丁玲一身戎装、一双草鞋，风尘仆仆演讲说唱。八路军各师旅一级单位都有自己的剧社，他们以党的抗日民族统一战线政策为指导思想，坚持独立自主的宣传方针，活跃在广大山西农村地区，开拓着根据地的文化建设。这些文化团体是宣传队、战斗队、战地服务队，同时也是文化教导队，他们主动承担起对山西抗日文化团体的辅导示范责任，办起了多种类型的文化艺术培训班，并派出有经验的干部去地方剧团进行辅导，他们也逐渐成为领导地方文化团体活动的中心和榜样。这一时期，从延安来到山西抗日根据地的有延安电影团、鲁艺木刻工作团、鲁艺实验剧团、鲁艺文工团等团体。

山西火热的战地生活为文艺家的创作注入了无限的活力，一大批优秀的抗战题材作品由此而产生。如丁玲、沙汀、舒群的战场速记，卞之琳、吴伯箫的散文，李伯钊、陈凝秋的戏剧，萧红、端木蕻良的小说，何其芳、艾青、方殷的诗歌，刘白羽、陈荒煤、宋之的、碧野、以群、杨朔、袁勃、葛一虹等人的报告文学作品。诗人光未然充满激情地创作出了组诗《黄河大合唱》，冼星海激动不已，抱病为之谱曲。《黄河大合唱》歌颂了党领导下的抗日军民的游击战争，歌颂了中华民族伟大坚强的英雄气概，成为抗战中产生的最成功的新型歌曲之一。

山西一时聚集了全国抗战文化的精英，唤醒了沉寂的山峦，正如桂涛声作词、冼星海作曲的《在太行山上》：

> 红日照遍了东方，
> 自由之神在纵情歌唱！
> 看吧！

> 千山万壑，铜壁铁墙！
> 抗日的烽火，燃烧在太行山上！
> 气焰千万丈！
> ……

以山西的山地为依托，敌后抗日根据地相继建立。文化宣传活动为敌后根据地的创建做了大量的宣传动员工作，根据地的建立和巩固又为文化事业的繁荣提供了稳定和自由的场所。根据地的文化团体和组织机构也随着根据地的巩固发展而建立健全起来。

报刊是宣传工作的有力工具，党的报刊不仅是集体的宣传员和鼓动员，而且还是集体的组织者。对于抗日军民而言，它是宣传的喉舌和动员的号角；对于敌人而言，它是文化的炸弹。1938年，各抗日根据地都创办出自己的报刊。在太行山，中共晋冀豫区党委在屯留创办了《中国人报》，中共晋冀特委在和顺创办了《胜利报》等。在吕梁山，中共晋西南区党委创办了机关报《五日时事》，战动总会在离石出版了《战地通讯》等。各部队、各抗日团体也创办了自己的报刊，如八路军第129师《晋豫日报》等。与此同时，地方报纸也发挥了它的力量，几乎每个县区都出有一至两种地方报。1939年1月，中共中央北方局机关报《新华日报》（华北版）在沁县创刊。1940年9月，中共中央晋绥分局机关报《抗战日报》在兴县创办。它们同1940年11月由《抗敌报》改名的《晋察冀日报》一起成为党在华北敌后的集体组织者，是联系敌后抗日军民的有力工具，也是华北敌后文化建设的领导中心和坚强堡垒。

随着根据地的巩固和壮大，一个史无前例的全民教育运动在各根据地展开。此时的教育宗旨是：培养有爱国意识、政治觉悟、文化知识的为抗战服务、为大众服务、为建立新中国服务的人才。根据地的教育大致可分为学校教育、社会教育和干部教育。学校教育有逐渐正规化的小学、中学和高级专科以上的职业学校，尤其是普及教育的小学迅猛发展。这些学校大多没有规范的课程、教材及授课时间和班级制度，但是这里的教育却有崭新的面貌。它把少年儿童组织起来，让他们把学习文化与社会实践相结合，积极进行有组织的抗战活动。在社会教育方面，边区建立了识字班、读报组、冬学班等群众文化活动机构。社会教育是以广大群众为对象，让他们懂得抗战理论，并逐渐破除迷信。干部教育最活跃的是各根据地兴办的众多训练班，如民运工作训练班、文化工作训练班、小学教师训练班、新闻记者训练班等，这些训练班日后逐渐发展成了各种干部学校。根据地教育事业的发展，有力地支持着敌后的抗战，为抗战和根据地的政权建设、文化建设源源不断地输送着人才，造就了一批批为民族解放大业而奋斗的优秀战士。

在根据地文化运动中，戏剧是大众化的文艺形式，它包括了戏曲、话剧、歌舞剧、街头剧、活报剧、秧歌等。戏剧形象生动，语言通俗，易被老百姓接受，更重要的是它适合于在广场和村里大场地宣传。戏剧活动组织是根据地文化队伍中最庞大的，在山西根据地内同时活动的各种抗日剧团成百上千。根据地戏剧运动在组织和活动内容上是全新的，其思想内容、艺术表现形式和演出技巧等方面适合战时要求，能迅速反映与报道当时当地群众斗争、武装斗争的新事件，抓住具体模范，提炼战斗中的精华部分，出现了一大批为群众喜闻乐见的戏剧作品。晋察冀边区有《我们的乡村》《英雄儿童》《模范公民》等；晋绥边区有《海陆空齐动员》《讨还血债》《百团大战》《死里逃生》《工人张好义》《查路条》；太行太岳地区有《上了当》《穷途末路》《泥澄口大战》《母亲》《两块石头》等。这些作品真实地反映了当时的斗争生活，极大地鼓舞了根据地广大军民的斗争意志。

对传统文化的批判和继承是与新文化运动的开展同时进行的。民间戏剧研究会、民众文化研究会、旧剧改良委员会等机构相继成立。一方面要求说新、唱新、写新、画新，利用传统的文化形式宣传抗日；另一方面则是全力对旧的文化团体及组织进行改造。对旧剧团的改造是最主要的，不仅要改造旧的组织机构，建立新的规章制度，而且要对旧艺人从思想上、生活上进行改造，使他们变成新时代的文艺工作者。各边区文化领导机构派出了专门的工作人员进入旧班社，建立新的规章制度，创作新剧目，树立模范样板。太行区成立了数支曲艺宣传队，部分盲艺人成了抗日民主政府领导下的文艺战士，他们深入敌占区，一面宣传抗战，一面搜集情报，留下了可歌可泣的动人事迹。美术工作者建立了木刻工厂，充分运用受群众欢迎的年画、壁画和连环画等形式进行了大量创作，使穷乡僻壤的村庄满布着墙头画。

根据地的歌咏活动充分体现了民族的、大众的文化形式与崭新的革命内容相结合。它是全民性的，是有组织与无组织相结合的具有空前规模的群众性运动，是深入人心的纵情抒怀。千万样的歌喉，千百样的曲调，从战场、校舍、机关、工厂、田间，从根据地的每一个角落汇成一股不可抗拒的抗日歌潮。八路军和抗日团体中的干部，人人都是宣传员，他们宣传的手段就是教唱抗日歌曲。在边区，在极偏僻的地方，妇女儿童都会唱五六首救亡歌曲。每一次集会，互相对唱抗日救亡歌曲成了他们必不可少的项目。各乡青年、妇女、儿童团等也经常举行歌咏比赛，民众对此比较爱好。在田地里、山坡上，到处可以听到勤劳的农夫、牧羊的儿童在哼着抗日救亡的歌曲。在火热的战地生活中，抗日军民所创作的歌曲、歌谣是不计其数的，几乎每个军政组织、人民团体、剧社、宣传队都有自己的队歌、社歌、团歌、会歌。

抗战歌曲的创作带动了成千上万群众传唱歌谣。根据地民歌创作的题材十分广泛，有歌颂共产党和人民领袖的《胜利不忘共产党》《朱总司令下命令》《左权将军》，有反映时事政治的《三大任务》，有宣传政策法令的《买卖公债》《减租减息》，有动员参军的《八路军是咱救命人》《当兵要当八路军》，有记录战斗生活的《保卫黄崖洞》，涉及对敌宣传、反顽斗争、军民关系、妇女解放、婚姻自由、生产自救、民主选举、冬学运动、爱国卫生等各方面，民歌的传唱让更多人了解到抗日军民的战斗、生产和生活的各个方面。

山西的抗战影像文化是在党的抗日民族统一战线的大旗下建立起来的，它贯穿了抗日战争的全过程，它是在党的领导下开创的，是在抗日根据地内成长壮大的，也是以共产党员为骨干进行活动的，因此，它具备了新民主主义文化的性质和特点。它支持民族解放战争，反对帝国主义压迫，具有鲜明的战斗性。它是民族的、科学的、大众的文化，是文艺家与最广大人民群众相结合、普及与提高相结合、理论与实践相结合、外来先进文化与优秀民族文化相结合的文化，是以马克思列宁主义、毛泽东思想为指导的文化。

山西抗日根据地的文化是在新民主主义的正确理论指导下进行的，是新民主主义理论的科学实践。在山西抗日根据地，朱德、彭德怀、贺龙、关向应、刘伯承、邓小平、聂荣臻等领导人在文化运动的方针政策、思想理论上做了许多重要的指导工作，对文化建设给予了极大关注，对文艺工作者的成长给予了热情关怀。

山西抗日根据地的文化是在批评与自我批评中健康发展的，是在不断克服自我弱点中迈向成熟的，随着文化运动的深入发展，它的思想理论研究水平也在不断提高。在根据地文化运动中，思想理论的建设和探讨是十分活跃的，文艺工作者就文艺的民族形式、文艺的大众化、工作者的思想改造、文艺的对敌宣传等问题展开了批评和争鸣。如同延安的文艺界一样，山西抗日根据地文化界的这种批评和争鸣也在1942年初愈发激烈。正是在这种形势下，《在延安文艺座谈会上的讲话》诞生了。文艺工作者加强了思想建设和组织建设，他们把文艺创作和革命实践结合起来，把改造客观世界与改造主观世界结合起来。生活是文学艺术创作的重要源泉，文艺工作者在长期与人民群众同生死共患难的艰苦奋斗中形成了血肉联系，创作出了崭新的服务于人民的文艺作品。

山西抗战文化极大地鼓舞了人民的斗志，具有开拓创新精神，它成功地走出了一条文化同工农兵相结合的为人民服务的道路，它汇聚了那个时代中国的文化精英，在这块土地上锻炼和造就出一支庞大的生力军、一批强有力的建设人才。纵观山西抗战文化的历史发展过程，可以看出，山西抗战文化史是一部在中国共产党领导和影响下以广泛的抗日民族统一战线为基础的爱国抗战文化发展史，是一部高举民族解放旗帜的抗战文化发展史,是继五四运动以来山西新文化运动的大发展,为我们树立了一座光辉的历史丰碑。

第二章
山西抗日根据地影像传播的兴起

1837年，法国画家达盖尔把镀银铜板曝光后，用水银蒸汽固定住影像，称为银版法。相比沥青，银版法感光度高且颗粒细。1839年8月19日，法国发表了达盖尔摄影术。这种神奇的摄影术被发明后没多久，便迅速传入中国。英国著名摄影师泰瑞·贝内特指出，早在1842年7月，中国大地上就有使用照相机的记录。1844年，中国科学家邹伯奇制作了照相机，并拍摄了照片。早期的摄影是人们娱乐和赚钱的工具。摄影术传入中国之后，应用最广泛的是照相馆。到20世纪二三十年代，照相在中国有了很大发展，当时全国除交通闭塞、商业文化极端落后的县城外，大多数城市和县里，特别是沿海地区，都开设了照相馆。商业文化发达的县城，同时开设有两三家甚至更多的照相馆。

当时，照相馆的主业是人物肖像摄影，但也拍摄日常生活照片，内容包括婚丧嫁娶、别离欢聚、就业升迁、生活娱乐等，还有各行各业、机关团体举行典礼集会时的合影留念。早年一些重要的会议，最后一项仪式就是合影留念。当时拍摄的许多照片，凡涉及一些重要人物和纪念事件的，大都成为珍贵的历史资料。此外，有些照相馆还拍摄风景、名胜、古迹、戏剧、电影以及自然灾害等题材的照片，供报刊使用。

五四运动以后，国人编写与译著的摄影技术书籍及各种题材的摄影集与画报陆续出现。许多人通过自学提高摄影技术。还有些人在北京、上海、广州等地相继结成业余摄影团体，其中较为有影响的有北京光社、黑白影社等，这为摄影事业的发展作出了一定的贡献。

图2.1 上海《晨风》摄影杂志封面

第二章　山西抗日根据地影像传播的兴起

20世纪30年代，中国人的摄影观念开始发生变化，人们认为摄影不应该只是上层阶级消遣娱乐的工具，摄影家应当更多地关注生活在底层的劳动人民。此时的中国文化思潮纷争，一些进步摄影家在讨论研究摄影创作理论和方向时，将民族革命战争的大众文学和国防文学的观点口号也作为摄影创作的基本观点和口号。

在上海创刊的《晨风》摄影杂志（图2.1），号召同志们多写关于中国摄影意识的论文，并刊载了大量为摄影观念破旧立新的文章。

毛泽东在论述五四以后的文艺运动发展时讲："在'五四'以来的文化战线上，文学和艺术是一个重要的有成绩的部门。革命的文学艺术运动，在十年内战时期有了大的发展。"[1]1937年是中国摄影观念转向的关键一年。全民族抗战爆发后，一批爱国摄影师告别艺术摄影，转入聚焦现实的纪实摄影。在全民抗战的严峻形势下，救亡成为新的时代主题，摄影从高雅艺术殿堂走向了战场，走进百姓生活。许多有识之士纷纷组建摄影机构，专门负责战争时期的新闻拍摄与宣传。

中国共产党历来就非常重视宣传工作，国共合作时期，中国共产党领导人对图画及影像在宣传中的作用已经有了重要认识。早在1925年，毛泽东曾提出，图画影像相对文字来说，具有先天的传播优势。同年10月，革命军二次东征时，周恩来要求加强图片宣传工作。这都是中国共产党领导人对图画及摄影工作重要性的早期指示。这说明中国共产党正确地认识到当时的现状，并有的放矢地提出针对性的工作方案。在当时人民群众文化程度普遍不是很高的情况下，平民化的图画和影像无疑是政治宣传与形象塑造的重要传播方式。

在土地革命战争时期，中国工农红军队伍中已有一些摄影记录活动，由于条件所限，基本处于自发的零散状态，还没有形成记录历史的明确意识，更未成为自觉的组织行为。而保留下来的部分珍贵摄影作品，大多是部队领导人如叶剑英、陈毅、聂荣臻等一边指挥部队行军作战，一边拍摄的。

---

[1] 毛泽东. 毛泽东论文艺[M]. 北京：人民文学出版社，1966.

另据苏静回忆，长征时条件极为困难，胶片缺乏，即使有了胶片，也没有条件冲洗。有一次，他在江西拍摄的照片到了贵州才得以冲洗。长征途中几乎无法拍摄，到达陕西他才买到一批胶卷，开始拍摄活动（图2.2）。苏静曾拍过《东渡黄河前的红军部队》（图2.3）、《平型关战役》《延安抗大生活》《红军小战士歌舞表演》（图2.4）、《八路军缴获的日本汽车》（图2.5）、《八路军击毁的日本汽车》（图2.6）等照片。这些极为珍贵的照片后来都发表在《晋察冀画报》第4期的红军时代生活专栏。

另一位曾在长征途中拍摄过照片的是耿飚。他是一位摄影爱好者，他拍摄的内容有战场场景、战俘、战利品等。他还常为战友拍照，可惜这些照片大多不知去向。此外，叶挺、张爱萍等将军也拍摄过不少照片，为中国共产党革命史保留了不可多得的珍贵资料。

全民族抗战前夕，到陕北苏区访问的个别作家和外国记者在苏区拍摄的照片客观地记录了苏区军民活动和地方风貌，同样也是宝贵资料。较早来到陕北的美国记者埃德加·斯诺拍摄了大量红军领导人和红军生活的照片，这些照片后来刊载于在美国的《生活画报》和《时代周刊》上，这在当时产生了极大的影响。艾格尼丝·史沫特莱、尼姆·威尔斯等作家和记者也先后来到陕北，他们拍摄的照片和所写的文章为支援和宣传中国革命同样产生了积极的影响与作用。这都在客观上为中国共产党在抗战前期的革命活动保存了极其珍贵的图像资料。

中国共产党认识到了图像的重要宣传作用，但当时主要还是漫画、木刻等绘画图像。由于当时条件艰苦、器材缺乏，无法将摄影提到同等重要的地位。当年画报工作受到了一定程度的重视，不过多是美术画报。在组织建制方面，全民族抗战开始前，中国共产党还没有专门的摄影机构，直到全民族抗战开始后，这一切才发生了根本变化。

1937年8月，汇集在陕甘宁边区的中国工农红军改编为中国国民革命军第八路军，下辖3个师。8月底至9月，八路军所辖3个师先后东渡黄河，奔赴抗日前线。随即，八路军在敌后开辟了晋察冀、晋冀鲁豫等抗日根据地。

第二章 山西抗日根据地影像传播的兴起

图 2.2 红军机枪训练班

图 2.3　东渡黄河前的红军部队

图 2.4　红军小战士歌舞表演

第二章 山西抗日根据地影像传播的兴起

图2.5 八路军缴获的日本汽车

图2.6 八路军击毁的日本汽车

1937年9月，八路军第115师主力在平型关歼灭日军1000余人，击毁汽车100余辆。当时在第115师任侦察科科长的苏静，利用自己从国外带回来的照相机，拍摄了平型关战役的许多重要场面。太原全民通讯社摄影记者沙飞，在平型关战役刚刚结束之后，便赶赴第115师进行摄影采访，并拍摄了第115师在战争中缴获的枪支弹药等胜利品和他们在平型关一带活动的照片。

　　苏静、沙飞在八路军第115师平型关战役中所进行的摄影活动，是抗日根据地摄影事业创立的开始。其后，石少华、吴印咸、罗光达、徐肖冰、高帆等人在抗日根据地也开始摄影实践活动。他们组建了摄影组织机构，培养训练摄影干部，创办摄影画报，举办摄影展览。解放区抗日根据地的摄影史进入新的阶段，即解放区摄影事业的创立期。

　　在晋察冀抗日根据地，摄影工作不仅开始得早，发展得快，而且在工作的各个方面取得了异乎寻常的成就，是解放区摄影事业建设的先进代表之一。晋察冀的摄影工作，特别是在摄影队伍建设、摄影出版事业、摄影成果整理与保存、摄影展览等方面，是整个解放区摄影事业的初创，开摄影历史之先河。

　　沙飞、罗光达参加革命前，他们的的摄影艺术就有一定的修养和成就，沙飞在国统区时就有青年摄影家的名声。沙飞在平型关大捷后对八路军第115师的采访，是他第一次来到八路军战士中间。他采访拍摄完成后回到太原发稿，这时国民党军队匆忙南撤，沙飞得知第115师仍然在五台山地区建立敌后抗日根据地，于是他奔赴五台山。到达五台山后，聂荣臻会见了他，鼓励他要发挥摄影的作用。沙飞请求参加八路军，聂荣臻应准了他，并将一台照相机给他使用，任命他为部队的专职摄影记者。

　　沙飞成为部队的摄影记者后，立即进行了大量的采访活动，拍摄出一系列优秀作品。1937年12月，聂荣臻电催在一分区采访的沙飞速回晋察冀军区总部，委任他为军区政治部编辑科首任科长兼《抗敌报》编辑部副主任。当时，沙飞还不是共产党员，这在当时是少有的现象。

　　接下来的一年间，沙飞单枪匹马转战晋察冀军区各地，记录了大量根据地初创时期的军民生活，如《聂荣臻与白求恩大夫会面》《白求恩工作与生活》《四分区部队生活及妇女儿童活动》等。此外，沙飞还拍摄了《八路军战斗在古长城上》系列（图2.7）、《挺进敌后》《沙原铁骑》《活跃在青纱帐里的游击健儿》等作品。

图2.7 八路军战斗在古长城上

1938年12月，中共中央北方分局书记彭真由延安来到晋察冀军区，并带来几十名干部，懂得摄影的罗光达被调入军区当沙飞的助手。

1939年1月，沙飞、罗光达把沙飞2年来拍摄的部分作品洗印出来，在军区驻地举办了华北敌后抗日根据地——晋察冀摄影展览（图2.8），这是解放区历史上第一个摄影展览。因为照片无法放大，只能使用印出来的小照片，并将其贴在用白报纸裱好的马粪纸上，写上说明文字并略加装饰，将马粪纸用针缝在长条白布上,展览时拉开,结束后折叠带走。这种形式便于到各地举行巡回展览,并成为此后根据地摄影展览通用的展陈模式。

图2.8　晋察冀举办的摄影展览

据罗光达在多年后回忆,当时这个展览引起了极大轰动,前来观看的人熙熙攘攘,比赶庙会还要热闹得多,不仅驻地的队伍整队前来观看,连附近村里的老乡们也来了。老乡们看照片的态度认真,大多数人从未见过照片,他们奇怪人像怎么会印在一张纸上,他们还会一个一个去数照片上的战利品。这次展览影响之大、效果之好甚至惊动了军区司令员聂荣臻,早已看过这些照片的聂荣臻还专门来到了展览现场。

摄影所具有的以直观形象说话的能力得到了充分展示。这次展览产生了极好的宣传效果,受到了晋察冀军民的极大欢迎,引起了晋察冀乃至整个抗日根据地领导人对摄影工作的高度重视,这对开展和推动晋察冀的摄影工作有着很重要的意义。晋察冀军区领导坚定了发展摄影工作的决心,军区政治部于1939年2月成立了新闻摄影科,沙飞任科长,罗光达为摄影记者。晋察冀军区新闻摄影科虽然比根据地摄影事业创立期作出很大贡献的延安电影团在成立时间上要晚半年,但它作为专门的摄影机构,在解放区摄影事业中还是第一次出现。可以说,晋察冀军区新闻摄影科的设立,是中国解放区摄影历史上的一座里程碑。

晋察冀军区新闻摄影科成立不久,为迅速开展工作,调来刘沛江、白连生、叶曼之、周郁文等人任摄影记者,并做勤务工作。还调来杨国治专做暗室工作,这样摄影科很快由2人发展到7人,形成了由拍摄、暗室制作、后勤服务组成的摄影机构的最初框架。

1939年1月至3月,沙飞、罗光达相继举办了2次摄影展览,这对晋察冀摄影工作的进一步发展产生了极大的推动力。沙飞、罗光达从展览活动中体会到,虽然摄影展览的效果直接而强烈,但影响范围毕竟有限,于是他们决定筹办摄影画报。

从1939年2月到1942年7月,沙飞率领摄影科全体人员在军区领导的关怀下,克服重重困难,出版了具有历史意义的中国共产党领导的抗日根据地反映抗日战争的画报——《晋察冀画报》(图2.9)。

与此同时,晋绥抗日根据地、晋冀鲁豫抗日根据地的摄影事业也轰轰烈烈地开展起来了。

晋冀鲁豫抗日根据地的摄影工作最早由徐肖冰、高帆、熊雪夫开创。高帆于1938年9月由武汉奔赴延安,入抗大学习,毕业后被分配在八路军第129师政治部做宣传工作。到太行根据地后不久,高帆用部队缴获的一台照相机开始了摄影实践活动。

1940年,延安电影团的徐肖冰到太行地区拍摄百团大战的新闻纪录片,此间,八路军第129师政治部委托徐肖冰在河北涉县王堡村开办摄影训练班。徐肖冰在1940年12月开办的摄影训练班是晋冀鲁豫抗日根据地第一期摄影训练班,共培训学员11人。1944年底,太行一分区司令员秦基伟邀请高帆为一分区培训摄影干部,派出白丙寅等4人到第129师政治部接受训练。白丙寅等人结业后,回到太行一分区从事摄影工作。

1941年夏季，高帆、熊雪夫与梁坤生一起创办了单页的《战场画报》（图2.10）。一年后，又改出成册。当时，晋冀鲁豫抗日根据地无制版条件，他们拍摄的照片无法在画报上刊载。1944年6月，高帆等人到晋察冀画报社参观学习，并请画报社帮助将他们带去的几十幅摄影作品制版。高帆回到晋冀鲁豫边区后，在当年8月30日出版的第12期《战场画报》上刊载了21幅照片，这是《战场画报》首次刊载摄影作品，对晋冀鲁豫边区的摄影工作产生了很大影响。

第二章　山西抗日根据地影像传播的兴起

图2.9　《晋察冀画报》封面

图2.10 《战场画报》封面（石印）

第三章
山西抗日根据地影像传播的摇篮

1937年10月，八路军三大主力师挺进山西抗日前线后，聂荣臻奉命率领八路军第115师一部和军政干部3000余人留驻五台山地区，开始创建晋察冀抗日根据地。

晋察冀抗日根据地的建立，成功地牵制和打击了进犯华北的日本侵略者，同时根据地内也积极开展边区的政治、经济、文化等方面的建设，并取得了令人瞩目的成就。为了配合对敌作战，动员和发动群众，晋察冀抗日根据地结合边区实际情况，有效地用报刊、广播、宣传画、展览、文艺演出等形式开展抗敌宣传，建立了一套完整的宣传系统。在抗日战争和解放战争时期，晋察冀边区仅专区以上就办了400余种报刊，专区以下更是不计其数，在当时，一张报纸，一份刊物，往往由一个人或几个人和一块钢板、一台油印机就可以办起，所以说具体多少也不可考。晋察冀的繁荣和文化出版事业的发展就像一片沃土，催生出《晋察冀画报》这朵灿烂美丽之花。

一、《晋察冀画报》的创刊

《晋察冀画报》的创立，一是晋察冀根据地文化出版业迅速发展的结果。二是人为因素，沙飞和聂荣臻，一个是投奔革命的知识青年，一个是晋察冀根据地的军事领导人，他们的相互支持，也是《晋察冀画报》创刊的主要因素。但更主要的因素是晋察冀军区政治部领导的支持。

聂荣臻了解新闻工作的重要性，对知识分子相当重视，对新闻工作的态度也较为开明。他还是一位摄影爱好者，在军旅生活中经常拍摄照片。后来，聂荣臻甚至为画报提供了稿件，如他拍摄的作品《红军帮助人民秋收》（图3.1）等。

图 3.1　红军帮助人民秋收

聂荣臻对沙飞的重用，固然体现了抗战时期党的文化工作政策，更体现了他一贯爱才惜才的一面。当然，聂荣臻的经济支持也是画报社得以维持的重要条件。画报社成立之时，正是根据地最困难的时期，但军区对几位高级技术人员特别照顾。在画报社困难时，下拨小米等生活物资帮其渡过难关。

在《晋察冀画报》创刊之前，根据地已经存在着多种画报，如《抗敌画报》《前线画报》等。当时由军区政治部主办的《抗敌画报》，尽管是晋察冀根据地最受欢迎的画报，但也都是油印或石印的，而且是不定期的，以宣传画为主，实为美术画报。

制版技术的限制使得报社无法印制真正的照片，显然，缺乏铜版制版是对摄影画报的根本性制约。在军区领导的关心及指示下，在军区各部门大力支持下，晋察冀日报社帮其铸造了一副新铅字，并调拨部分铅印、排字、刻字人员。1941年4月，晋察冀的照相制版试验在新闻摄影科顺利完成。铜版照片试制成功是根据地出版史上一个具有标志性意义的事件，促进了《晋察冀画报》的创立。

在试制铜版之时，画报社的筹备工作已经开始了（图3.2）。1941年5月，朱良才召集沙飞、罗光达、裴植开会，明确指示筹备出版画报，并将军区印刷所划归画报社，筹备组正式成立。

图3.2 晋察冀画报社印刷车间

1942年1月，聂荣臻、朱良才和潘自力召集沙飞、章文龙、赵启贤、唐炎等人在军区司令部开会，研究《晋察冀画报》的编辑方针和创刊号的编辑计划。会议明确了画报的两个目的：一是鼓舞斗志，建立信心，争取支持；二是给人民留下真实的历史记录。[1] 简而言之，《晋察冀画报》的编辑方针有宣传和记录两大任务。

1942年5月1日，晋察冀军区政治部晋察冀画报社正式成立，沙飞为主任，罗光达为副主任，赵烈为政治委员。画报社下设编校、出版、印刷、总务4个股，全社共计100多人。

创刊号在编辑制版时遇到的种种困难，画报社成员都一一努力克服。没有电流时，他们使用日光进行放大来制版；稿子译成英文时，他们请求友人帮助修改校对；经济困难时，干轻活的人一天只吃两顿饭。作为军区政治部出版物，创刊号所有稿件都需经聂荣臻、朱良才、潘自力等军区领导反复审阅才能发表。

二、《晋察冀画报》的内容

1942年7月7日，《晋察冀画报》创刊号正式出版。创刊号主要由沙飞编辑，章文龙、赵启贤等负责照片文字说明和美术编辑工作（图3.3）。创刊号共96页、162幅照片，中英文双语，此外还有报告文学、木刻、漫画等若干文艺作品。画报内容覆盖晋察冀根据地自全民族抗战以来方方面面的活动。

聂荣臻的题词（图3.4）对此进行了恰当概括：五年的抗战，晋察冀的人们究竟做了些什么？一切活生生的事实都显露在这小小的画刊里。它告诉了全国同胞，他们在敌后是如何的坚决英勇保卫着自己的祖国；同时也告诉了全世界的正义人士，他们在东方在如何的艰难困苦中抵抗着日本强盗！

《晋察冀画报》自1942年7月至1947年12月，共出版13期。其中第1至10期出版于抗战时期，第11至13期出版于解放战争时期。

《晋察冀画报》创刊号从内容到形式均有自己的特色。画报内容丰富，堪称八路军创建晋察冀根据地以来的大总结。开篇长文《晋察冀舵

---

[1] 顾棣，方伟. 中国解放区摄影史略[M]. 太原：山西人民出版社，1989：197.

师聂荣臻——敌后模范抗日根据地及其创造者生平》,接着是三大专栏:新闻摄影、美术、文艺。

图 3.3 晋察冀画报社工作情景

新闻摄影内容丰富,包括晋察冀各地战斗,有百团大战专页、黄土岭战斗、大龙华战斗等;部队的军旅生活、游击战争、人民武装、狼牙山五壮士;日伪暴行;血肉相连的军民关系;踊跃参军;边区生产;文化、教育、出版事业。所有图片专栏均配有总说明文和分说明文,文字简练,且有鼓动性。

从照片的风格来看,大多数简洁直白,内容突出,体现出一种集体主义美学。对于英雄人物的表现,初步出现模式化倾向,如在《易水秋风——狼牙山五壮士的故事》中,采取半身、仰拍、肩扛武器的拍摄方式来表现高大的英雄形象和其必胜的信念。

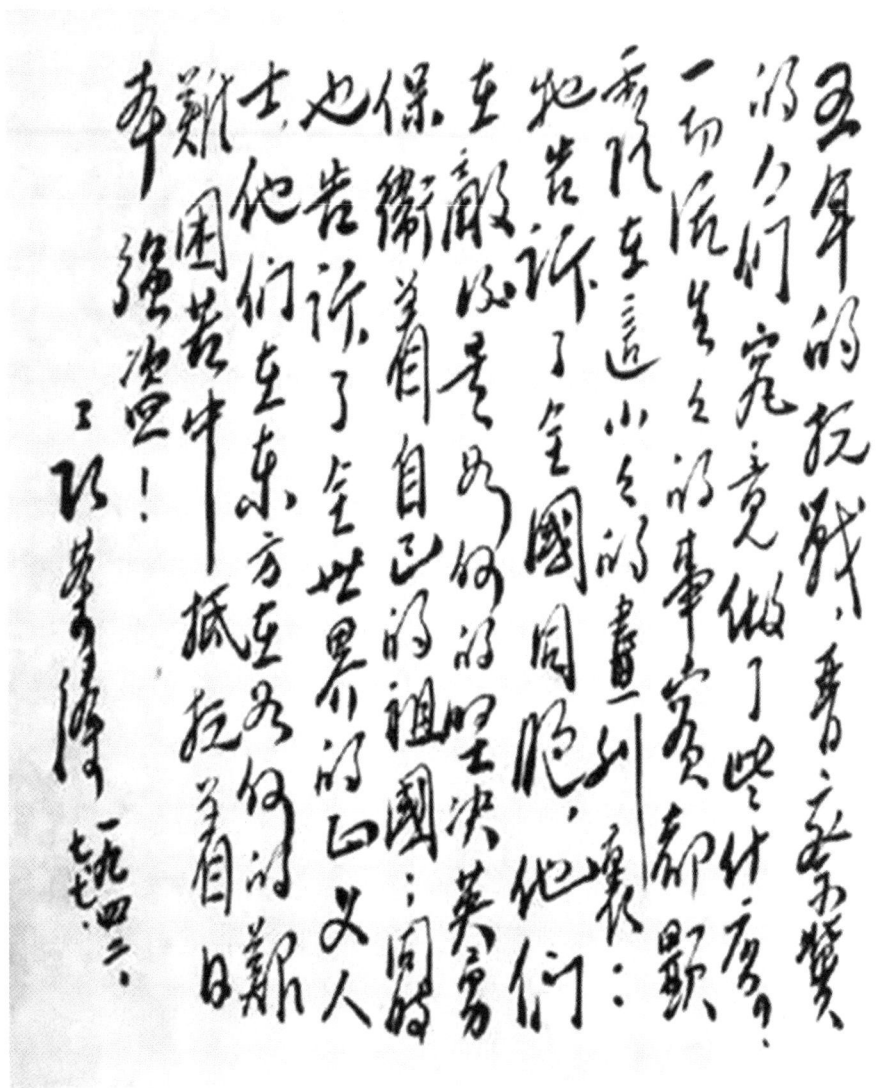

图 3.4　聂荣臻为《晋察冀画报》创刊号题词

第三章 山西抗日根据地影像传播的摇篮

图 3.5 《晋察冀画报》创刊号封底

最初画报的版式设计较为简单（图3.5），但已采用编辑组照的方式形成叙事结构。如《血的控诉》中组合不同作者拍摄的5幅照片为一个专题，在几幅呈现日本侵略者残害百姓暴行照片之后，用一幅老百姓走向祖国怀抱的照片做最后的总结，形成一个有分有合的叙事线索。

但是，画报的说明文并没有强调新闻要素的齐全和客观立场，而是突出其情感性和鼓动性。许多文字说明没有写出具体时间、具体人物，只是笼统地交代画面内容。而体现新闻性的关键因素——时效性，对于《晋察冀画报》来说，不是考虑的要点。

《晋察冀画报》为不定期刊物，其原因较多，如稿源问题、战争中的不稳定因素等，但也与画报的定位有关。创刊号中大多数照片都拍摄于数月甚至数年之前，这类照片因失去了时效性而失去了新闻性，从严格意义上讲这是历史资料照片，说明了《晋察冀画报》并不以新闻性为主旨，达到最大的宣传效果才是画报的根本目的。

《晋察冀画报》创刊号令人惊讶的地方在于画报的发刊词、图片说明和征稿启事均为中英文双语，这不仅显示了其办刊水平，更为重要的是昭示了其办刊的愿望。画报的传播范围不局限于根据地，也不局限于国内，而是希望全世界人民都能见证中国共产党敌后根据地艰苦卓绝的努力，他们有决心、有信心将抗战进行到底，直至取得最后胜利。遗憾的是，由于根据地条件艰苦、物资贫乏，加之时间紧促，中英文双语的说明和解释也只限于画报的创刊号。

第1期画报也是13期画报中使用照片最多的一期，共采用照片162幅，沙飞一人所拍摄的照片超出总和之半。

《晋察冀画报》创刊号出版这一天，画报社召开了庆祝大会，晋察冀军区领导朱良才、潘自力等出席了大会，并转达了聂荣臻对全社同志的祝贺。在庆祝大会上，画报社全体同志高唱由章文龙作词、赵烈作曲的社歌：

    我们是文化艺术的劳动者，
    我们是思想战线上的战斗员，

第三章　山西抗日根据地影像传播的摇篮

我们用双手、大脑劳作，
我们用笔杆、机器作战，
生产精神的食粮，
制造文化的枪弹，
开辟新民主主义的文化田园。
劳作啊！
从日出东山到星光满天。
战斗啊！
黎明冲破了黑暗，
我们的歌声飘扬在太行山。

创刊号出版不久，日军据点推至距离画报社所在地只有十几里的地方。为保障印刷出版画报的安全，画报社转移到曹家庄。到达曹家庄后，画报社的同志们一面进行印刷出版工作，一面进行战备，找山洞挖山洞，组织战斗小组警戒。

在这种情况下，《晋察冀画报》第2期于1943年1月在曹家庄印刷出版。但是铜版一时紧缺，大大地影响了画报的正常出版。于是在沙飞的倡议下，画报社成立了自然科学研究会，沙飞任理事长，成员有罗光达、何重生、刘博芳等人。大家集思广益，自行研究出了以铅皮代替铜版的平版印刷法。从此，摄影画报改用铅皮制版印刷，保证了画报的正常出版。为了适应当时的环境，何重生又研制出轻便印刷机，如果敌人来了，不用拆卸就可运走。《晋察冀画报》第2期用了将近一半的篇幅报道晋察冀边区第一届参议会的召开情况。刊载的文学作品有邓拓的《记边区第一届参议会》和康濯等人的散文和诗，刊载的美术作品有石坚等人的木刻和漫画。本期画报在印刷质量上有进一步的提高，但是从这一期开始，英文说明不见了，原有计划终因条件难以具备而不得不取消。4月19日深夜，画报社所在地突然发生敌情，沙飞、罗光达立即紧急动员全体同志搬运机器。次日晨，几百名日伪军闯进了村子，经过一番搜查后，离村而去。

1943年5月，《晋察冀画报》第3期出版，本期画报为纪念雷烨而开辟了雷烨作品专集，集中刊载了雷烨摄影作品48幅，几乎占了这一期刊载作品篇幅的三分之二。其他有展示生产线上的妇女儿童、反"蚕食"斗争战绩和悼念柯棣华的3组图片报道。另有丁里等人的木刻、漫画和《悼雷烨同志》等几篇文章。在画报社成立将满1周年庆祝会上，潘自力高度评价了晋察冀画报社的出版工作。

《晋察冀画报》第4期是八一纪念特辑，本期画报首次刊载了毛泽东的标准像及传略。本期画报共刊载了7组作品：红军时代的生活、追念左权同志、晋察冀战斗成果、滹沱河之夏、边区第二届县议会、爆炸英雄李勇、狼牙山血火深仇。红军时代的生活作品是由埃德加·斯诺和苏静所摄。封面照片《红军帮助人民收割》的作者为聂荣臻。著名木刻家古元的名作《割草》及徐悲鸿的评论也发表在这一期上。

《晋察冀画报》第4期刚刚印刷出来，敌人对北岳区发动了秋季大"扫荡"。这次"扫荡"是1943年全年12次"扫荡"中规模最大、最残酷的一次，也是晋察冀画报社自建社以来所经历的最艰苦的时期。由于画报社的同志无法向外转移，他们分散隐蔽在驻地附近的山里。历时3个月之久的北岳区秋季反"扫荡"将近结束时，敌人又发动了一次猛攻，画报社同志在转移时有9位同志牺牲、4位同志负伤、7位同志被俘，而为掩护其他同志突围的军区警卫连战士几乎全部英勇战死，沙飞也在这次战斗中负伤。原来，敌人慑于《晋察冀画报》的宣传威力，在1943年秋季大"扫荡"时，就把晋察冀画报社作为重点攻击的对象之一。这次"扫荡"，画报社损失很大，工作人员减少，但是新一期画报仍然即将出版了。

1944年3月，《晋察冀画报》第5期出版。本期为晋察冀边区北岳区反"扫荡"战役、战斗英雄、战斗模范大会专号。首先是一组反映反"扫荡"斗争的作品，接着是边区第一届群英大会的图文报道。本期画报文字内容较多，发表了首长讲话、人物传记等17篇文章，而刊载的图片是 13 期画报中最少的一期，共 59 幅。

同年 8 月，《晋察冀画报》第 6 期出版，这一期刊载了 17 组摄影作品，内容较为丰富。主要报道了各地配合正面作战、摧毁堡垒的战斗情况，如林堡伏击战、攻入定襄城等。本期以 3 组照片重点报道了边区蓬勃开展大生产运动的情况。

1944 年 11 月，《晋察冀画报》第 7 期出版，这期画报内容与上期相似，用 33 幅照片表现晋察冀军区部队的积极攻势。接着是 1 组 10 幅的宣传战线上的作品，展示了八路军从撒传单、喊话、演剧到贴标语的各种宣传形式。此外，还有边区人民拥护八路军、庆祝国庆节等专题报道。另有徐灵的漫画和 2 篇文学作品。

1945 年 4 月，《晋察冀画报》第 8 期出版，正文首页是 2 幅毛泽东接见美国朋友的照片。本期画报内容丰富，刊载照片 105 幅，仅次于创刊号。报道了渤海之滨渔民生活以及五台山、恒山、妙峰山等名胜区的战斗情况。

《晋察冀画报》第 9、10 期合刊（图 3.6）出版于抗战胜利之后的 1945 年 12 月，晋察冀画报社此时已迁至张家口，发展至鼎盛时期。合刊本的内容可分为三部分，其中美术作品较多，除了王朝闻的著名作品——毛泽东肖像，还有彦涵、古元、夏风等人的绘画和木刻作品。

《晋察冀画报》停刊 1 年多后，于 1947 年 10 月出版第 11 期（复刊号），时隔 2 个月又同时出版最后 2 期（第 12、13）。此后，随着晋察冀边区并入华北军区，《晋察冀画报》遂成绝响。

《晋察冀画报》的精华体现在抗日战争期间出版的前 10 期之中。画报前 10 期不仅在出版方面体现了解放区画报的最高水平，而且所刊载的图像亦成为中国共产党抗战历史上的珍贵资料。经统计，前 10 期画报中共刊载各类照片 805 幅、美术作品 28 幅、地图 1 幅。所刊载的照片反映了晋察冀边区军民齐心抗战、政权建设、日常生活的方方面面。画报社还以这些照片为主体，于抗战胜利后结集出版了 4 本画报丛刊。

图3.6 《晋察冀画报》第9、10期合刊封面

三、《晋察冀画报》的内涵

《晋察冀画报》作为一份在炮火中诞生的画报，其图像内容是以全民族抗战为中心的，这也是画报社成立的宗旨。因此，《晋察冀画报》从创刊号起就非常明确自己的任务。

反映全民族抗战时期的 10 期《晋察冀画报》刊载的照片，如按题材分类，大致可分为战争、民主、生活三大类型，这基本上反映了晋察冀根据地的实际情况，即一面进行抗战，一面进行政权建设。军队的战斗活动是画报的报道主体，10 期画报中所刊载的有关八路军抗战的照片共有 428 幅，占全部照片的二分之一以上，直接表现战斗的画面达 201 幅。直接反映根据地民主政权建设的画面虽少于战斗画面，但也接近 100 幅。中国共产党在抗战期间所采取的民主政策起到了凝聚民心、动员抗战的巨大作用，没有这样的民主政权建设，也不可能动员边区人民在抗日战争中取得最后的胜利，而这在画报中都得到了充分展示。另外，画报还用三分之一的篇幅表现了根据地军民幸福生活的方方面面，充分说明了边区人民对抗战的最后胜利及对未来的幸福生活充满决心与信心。

战争是《晋察冀画报》报道的主体，画报对抗战时期战争的可视化报道是非常重视的，每一位战地摄影记者既是摄影师，又是战斗员。他们和八路军战士一起趴壕沟，一起上战场，他们在战斗中抢拍的历史镜头更加真实和震撼。据统计，10 期画报中一共有 20 余次战斗报道，从创刊号的百团大战、血战狼牙山，到转战古长城内外、晋察冀军民南线大捷等，展现了英勇果敢的八路军和不畏艰险的人民群众齐心协力，共同抗战。

《晋察冀画报》创刊号上所刊载的百团大战专页，是八路军发动的一次重要战役。百团大战是 1940 年至 1941 年由中国共产党领导的八路军对华北等地区的日伪军发动的破袭战，共经历了大小战斗 1800 余次，歼灭敌人 4.3 万余人，是一次规模较大的战役。八路军被分为各个游击小组，他们破袭正太路，炸毁正太路上的大石桥（图3.7），伏击敌人的汽车，破坏敌人进攻的要道，占领晋冀交通枢纽，摧毁敌人推行的所谓以铁路为柱、公路为链、碉堡为锁的"囚笼政策"，给敌人以沉重打击，增强了全民抗战的信心。

战争图像全方位表现了人民子弟兵英勇顽强、不惧牺牲的精神和机智灵活的战术运用，在画报所报道的大大小小的历次战斗中，八路军以一个又一个的胜利彰显了中国共产党领导的军队战无不胜、攻无不克。

图3.7 八路军攻克正太路卢家庄大铁桥

英雄人物理应是画报报道的主要内容。画报创刊号上刊载的狼牙山五壮士中的葛振林、宋学义，还有第4期刊载的爆炸英雄李勇，第5期刊载的子弟兵母亲戎冠秀等英雄人物都是专题报道。

画报第4期以爆炸英雄李勇为题一共6幅照片，外加1幅用以烘托气氛的底图。第1幅照片为李勇的半身照，他右肩背着长枪，左肩挎着地雷，头戴斗笠，身穿布衣，一身农民装束。他目光坚毅，直视前方，年轻的面孔中带着几分成熟和坚定。这种表现英雄人物的拍摄手法在当时已基本定型,并在其后进一步发展成一种模式。

全民族抗战时期,八路军的战斗得到了老百姓的全力支持,人民武装成为重要的协助力量,他们发明了各种战术,如地雷战、地道战、麻雀战等,配合正规军一起扒铁路、平壕沟、拆碉堡。地雷战中最经典的是画报第5期刊载的石少华拍摄的《埋地雷》。画面上4个民兵围成一圈,其中一个民兵正挥动铁镐在路上刨坑,准备埋地雷,民兵们均为普通老百姓着装。民兵身后不远处,一队八路军士兵肩扛长枪,排成整齐的队列正走向远方,他们所处的位置表明了他们是人民的靠山和力量根源。这里清楚地交代了正规军和民兵之间相互依存、相互配合的密切关系,是抗战时期游击战术的经典写照。它表明了中国人民在抗战中激发出来的无穷无尽的智慧和创造力,也表明了这场正义之战得到了广大人民的支持。

另外,在10期画报中,每一期都有关于战利品的报道。战利品种类五花八门,最常见的是机枪、步枪、子弹,此外还有无线电机、战马、汽车、山炮等。战利品表明战斗获得了胜利,对战利品再三地报道和展示,具有鼓舞人心的作用。在报道战利品的同时,画报也关注对击毙及伤亡敌伪的报道,这对当时鼓舞根据地军民士气起到了一定的作用。特别应该说明的是,画报对战俘的报道是比较重视的。比如,在《晋察冀画报》第1期的优待俘虏专栏中有1幅照片《钓鱼》(周郁文摄),画面中有3名日本俘虏边钓鱼边自由交谈,表情轻松愉快,全无拘束之感。画面深刻体现了八路军对战俘的人道主义及战俘对八路军发自肺腑的感激之情。

《晋察冀画报》在讲述人道主义故事的同时,也用多幅图像揭露了敌人的残暴与罪恶。

画报创刊号以血的控诉为题刊载了5幅照片,构成了一个相对完整的叙事。第1幅照片上有一堵被破坏了的墙壁,墙上有一个巨大的洞口,右下角有一个老人靠墙掩面哭泣,这显然表明他难以面对眼前家园被毁的残酷现实。墙洞好似一张血盆大口,要将弱小的老人吞噬进去。第2

幅照片上是几个被毒气杀死的孩子，他们横七竖八地躺在地上，幼小的身体已失去活力，然而依稀可见其天真面容。第 3 幅照片上以一种惨烈得令人无法直视的画面呈现了一名被刺刀挑腹而死的中国女性，她横躺在地上。第 4 幅照片是一个遭日本侵略者破坏的烈士纪念塔，全景式画面中一片废墟，足见破坏之严重。这说明日本侵略者意欲通过摧毁象征性建筑物的方式达到摧毁中国军民抗战精神的目的。第 5 幅照片上是一群百姓扶老携幼，被迫离开故土，走向未知的生活。作者沙飞没有采用通常的正面或侧面角度来表现百姓的愁苦之情，而是给观众留下了几个凄凉无助的背影，为这一专题设置了意味深长的结尾。通过对百姓惨遭苦难的揭露，更能激发爱国军民奋起投身于抗击日本侵略者、保卫祖国的斗争之中。

众所周知，民主政治生活和政权建设一直是根据地政府工作的重点，也是画报报道的主要内容。在《晋察冀画报》创刊号上，就刊载了几幅反映根据地民主政治建设的图片，这些图片报道的是晋察冀边区的一次选举活动。从图中可以看出边区民主政治生活中女性地位突出，有 5 幅照片的主体是女性，有抱着孩子正在投票的妇女，有被选出来的第一任女组长，还有同村中男性一起开会讨论的妇女等场景。从这些影像中可以看到女性真正取得了参政权，而且在晋察冀根据地，女性都积极地参加选举和竞选。从这里可以看出，女性在边区民主政治生活中的地位提高了。

晋察冀边区最重要的一次民主活动是画报第 2 期所报道的晋察冀边区第一届参议会。会议是在 1943 年 1 月开幕的，参会的议员多达 288 人，历时 7 天，大会顺利闭幕。

画报刊载的照片中有 31 幅涉及参议会开幕式、参议员检阅子弟兵、参议员球赛等，画报除了报道会议内容外，也十分注意刻画会议之威严。在有关开幕式的 12 幅照片中，有 9 幅照片都采用了俯拍的手法，其中 4 幅是全景照。画面中高高的舞台上布置了几张桌子，200 多名参议员整齐地坐在下面，极其威严和庄重，画报还特意刊载了妇女和几位外宾的

第三章　山西抗日根据地影像传播的摇篮

参会图片。

《晋察冀画报》的第4、7期以及第9、10期合刊上前后刊载了43幅有关民主政治生活的照片，都相应及时反映了民主生活的内容。

表现晋察冀边区人民的日常生活也是《晋察冀画报》的主要任务之一。边区人民的生活主要表现在劳动生产之中，而且生产事业也一直是边区经济建设的重点。《晋察冀画报》创刊号上的生产进行曲——春耕秋收专栏，刊载了9幅作品，照片上有黄金似的麦穗、丰收的谷堆、高高扬起的锄头，展示了边区人民的大丰收。照片中还有边区人民进行的总动员，男女老幼都组织到生产战线上，形成了生产热潮，从而说明了边区人民对劳动的热爱和对幸福生活的追求。画报第6期对边区大生产运动蓬勃开展的报道更加凸显了边区政府与人民对生产运动的重视。在图像中，不仅可以看出八路军战士为减轻人民负担在奋力地扬着锄头垦荒，也可以看出根据地人民拿着生产工具集体劳动的场景，甚至将生产中的英雄人物作为典型报道，以带动更多的人投入大生产运动当中。

文化教育也是边区人民生活中的一个重要方面，《晋察冀画报》不止一次刊载了相关摄影作品。当时的晋察冀边区文化发展水平较低，边区政府在领导抗战、发展生产的同时，十分重视边区文化教育事业的建设。从画报刊载的照片可以看出，当时的学校基础设施条件较差，大多数课程是在室外进行教学，被称之为露天课堂。为了培养军政干部，边区成立了抗日军政大学第二分校，还有培养教育文化干部的华北联合大学以及培养医学人才的白求恩卫生学校。

除了较为正规的学校教育外，对于社会教育，边区政府也极为重视。1938年冬天，边区又进一步开展了冬学运动，每个村子都开办冬学，有日班、夜班、妇女班等。《晋察冀画报》刊载的岗哨教育图片充分证明了根据地小学教育的深入开展，照片上两名儿童穿着厚实的棉衣，一名儿童手里拿着一个小黑板正和两名农民交流，这是站岗的儿童团员在教路人识字。

《晋察冀画报》特别关注对根据地妇女及儿童生活的表现，在中国共产党领导下的边区，妇女具有新女性的特色。《晋察冀画报》对女性的报道刻画了妇女的新形象：妇女上识字班、挖地道、在会议上演讲等，表明了这一时期的女性开始寻求独立、自主的发展之路，她们积极参加劳动生产，甚至参加战斗。画报中所塑造的新时代女性多是齐耳短发，着中山装，她们走向田间和战场。在画报创刊号上还有几幅关注妇女生活的照片，第 1 幅是两名妇女正在投票箱前投票，其中一人还抱着一个孩子；第 2 幅是一群男女围坐在地上讨论事情；第 3 幅则是一名刚刚被选为组长的女性，村民们还向她献花。边区开展的妇女解放运动成为边区社会生活中的一个重要组成部分，以影像来报道宣传这样的大事，具有极为重大和深远的意义。

对儿童的报道与宣传，画报也给予了相当的关注。在画报第 3 期《生产线上的妇女儿童》中，有一幅照片十分醒目，照片中两位小主人公站在庄稼地里，肩上扛着锄头，双手交叉搭在锄把上，俨然一副干活十分在行的农民开始下地干活的样子。这幅照片曾在各个以抗战为主题的影展中出现过，引起观众对于当年根据地儿童对劳动的热爱、对胜利的信心和对生活的向往的无限感动。

《晋察冀画报》对抗战中国际援助的报道是非常有意义的。其中，画报塑造最成功的是国际反法西斯战友诺尔曼·白求恩。《晋察冀画报》创刊号特设专栏刊载了白求恩在边区工作生活的一系列珍贵图片。其中有一幅十分著名，这就是吴印咸拍摄的正在手术台上工作的《白求恩大夫在前线》。白求恩在边区工作任务十分繁重，有时会亲自上前线救治伤员。他在边区不仅为伤员治疗，也为百姓看病，帮助八路军建立了后方医院。他没有太多的时间照看自己的身体，为中国人民的解放事业献出了自己宝贵的生命。

四、《晋察冀画报》的深远影响

《晋察冀画报》的出版发行对抗日战争的最终胜利起到了重要的推动作用。特别是用双语做摄影作品说明的《晋察冀画报》创刊号的发行更为广泛，不仅送到党中央、八路军总部和大后方重庆，而且还委托国际友人及其关系转发国外，根据地军事单位发至连级，地方行政方面则发至县级单位。

《晋察冀画报》自创刊起每每发行到部队，指战员都把它当作珍贵的活教材，组织专人在战士中宣讲，在战地让大家传阅，并把它作为重要文件交专人认真保管。画报所表扬的部队，都深受鼓舞，他们表示要更勇敢地多打胜仗，多为人民立新功。没有能上画报的部队，常以多打胜仗，争取上画报，作为战前动员的口号。

《晋察冀画报》发行到地方，同样受到欢迎和重视，各级单位常常召开会议，把画报作为重要文件进行阅览讨论。大家看到自己部队出版的反映根据地军民抗战生活的精美画报，无不欢欣鼓舞。甚至有一次在群众集会上干部拿着《晋察冀画报》讲完狼牙山五壮士的故事之后，当场就有青年报名参军。《晋察冀画报》在国外也产生了一定影响，到晋察冀边区访问参观或工作的外国朋友都会到画报社做客。

《晋察冀画报》的出版发行，推动了晋察冀摄影工作的开展。《晋察冀画报》成为晋察冀根据地全体摄影工作者及业余摄影爱好者的中心，使他们团结起来，在根据地组成了一个规模庞大的摄影网。在《晋察冀画报》的带动和影响下，晋绥边区、晋冀鲁豫边区，乃至整个抗日根据地纷纷办起了摄影画报画刊，这大大推动了根据地摄影事业的发展。

《晋察冀画报》在筹办和出版的过程中，还举办了多期摄影训练班，为边区各地培养了不少摄影人才，这为抗日战争以及解放战争的伟大胜利作出了重大的贡献。

第四章
山西抗日根据地影像的传播者

　　山西抗日根据地在艰苦卓绝的环境下培育了中国优秀的摄影家,他们创作最辉煌的时期是在全民族抗战时期。

图 4.1　沙飞

一、沙飞

沙飞（1912—1950），原名司徒传，广东开平人，1912年5月出生于一个药商家庭。在广州求学时期，受革命思潮熏陶，他广泛阅读进步文艺书籍，对文学、美术等非常喜好。当时沙飞想做一个革命文学青年，但因其父经商破产，家庭经济拮据，他考入广东无线电专门学校，毕业后到汕头市无线电台任报务员。

在汕头做电台报务工作，虽然薪金较丰厚，但沙飞觉得报务工作仅是生活手段，并不能满足他对追求真理与光明的渴望。于是他毅然从军，在北伐军中当电台报务员，随军先后去了上海、宁波、南京等地。北伐胜利后，他在广西梧州军用电台工作了3年。这几年的军旅生涯磨炼了他的意志，开阔了他的眼界。

沙飞回忆，他是偶然在几本外国杂志上看到了几幅优秀的新闻摄影作品，他深受启发，并认识到摄影可以是揭露现实的一种有力的武器。正巧沙飞在旅行时买到一台照相机，他对摄影产生了极大兴趣。于是，沙飞毅然辞去电台报务员工作，走上摄影之路。沙飞投身摄影事业，最初是从采访南澳岛开始的。他在南澳岛拍摄了几组作品，分别以《南澳岛——日本人南进的一个目标》《敌人垂涎下的南澳岛》为题，在《生活星期刊》和《中华图画杂志》上发表。

1936年9月，沙飞从广东来到上海，进入上海美术专科学校西洋美术系学习。他认为，由美术渗透于摄影，可以加强摄影艺术的功底。此时他有机会参观了"第二届全国木刻流动展览会"，有幸见到了鲁迅，并拍下了鲁迅与青年木刻家林夫、曹白等围坐交谈的珍贵镜头，这批照片生动地表现了鲁迅作为新文化运动旗手轩昂不屈的气质。

沙飞离开上海后，于1936年12月和1937年6月分别在广州、桂林举办了个人摄影展览。广州个人摄影展展出其拍摄作品114幅，其中有26幅是关于鲁迅的照片；桂林个人摄影展展出其拍摄作品100幅，其中有20幅是关于鲁迅的照片。沙飞的个人摄影展引起了社会各界的强烈反响，陈望道等人给予了盛赞与支持。

第四章　山西抗日根据地影像的传播者

沙飞在桂林的个人摄影展结束10天后,卢沟桥的枪声打响,他深刻感到在民族危亡时刻,用照相机记录历史是摄影记者的神圣使命。他用照相机记录了根据地军民在中国共产党领导下抗击日本侵略者的壮丽画卷(图4.2至图4.7)。总之,抗日战争时期是沙飞摄影创作最丰厚、成就最高的时期。

沙飞随八路军部队在战斗中拍摄的如《沙原铁骑》《挺进长城内外》《塞上风云》《革命的号笛:抗日前线的八路军军号手》(图4.8)等优秀作品于1938年5月在《新华日报》发表后,引起了强烈反响。他向全国人民展示了英勇的八路军将士在奋勇抗击着日本侵略者,给全国人民以极大鼓舞。

图4.2　八路军战斗在古长城(一)

图 4.3 八路军战斗在古长城（二）

图 4.4 在恒山上的八路军哨兵

第四章 山西抗日根据地影像的传播者

图 4.5 严密监视敌人的晋察冀边区八路军战士

图 4.6 八路军战士

第四章　山西抗日根据地影像的传播者

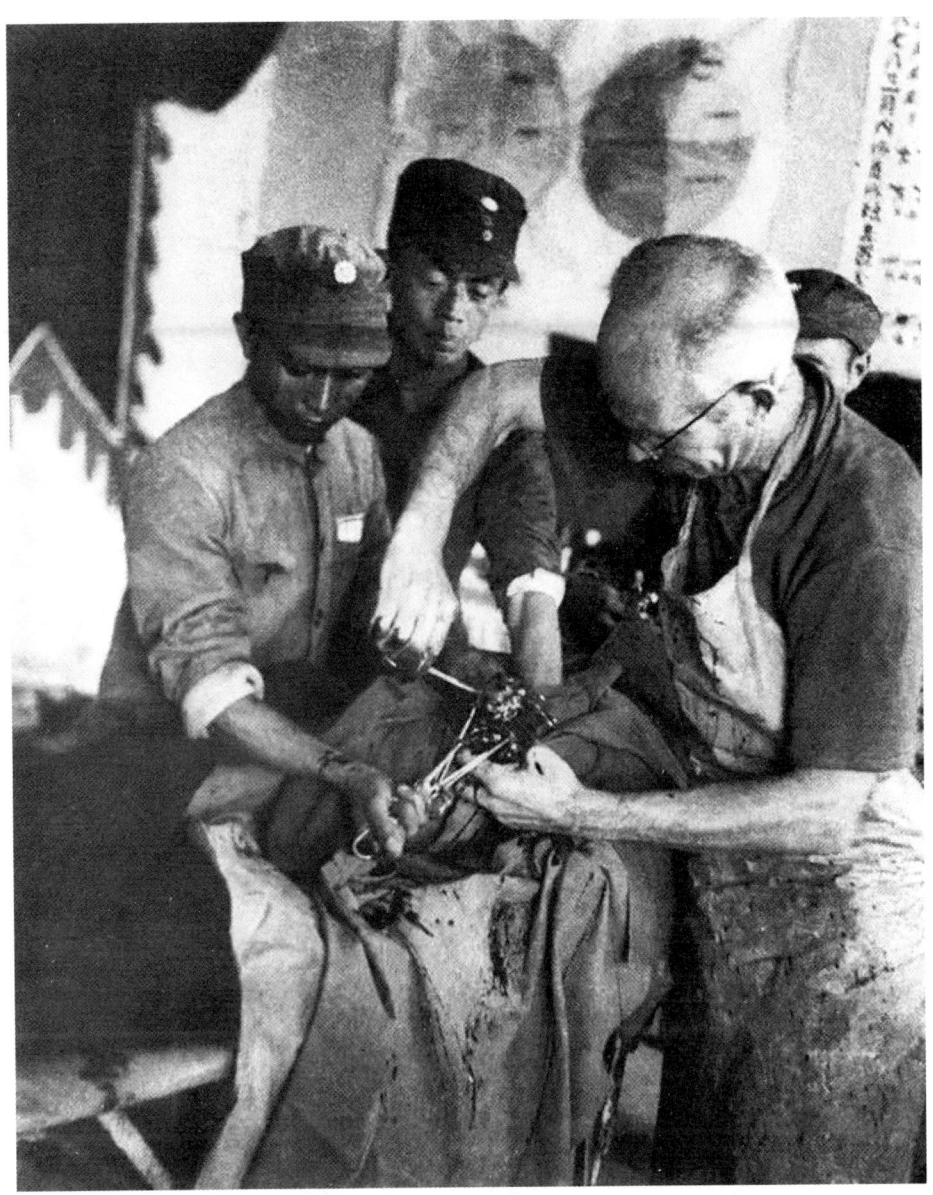

图 4.7　白求恩在山西五台松岩口模范病室为伤员做手术

图 4.8 革命的号笛：抗日前线的八路军军号手

第四章 山西抗日根据地影像的传播者

图 4.9 北岳山区的老百姓摘树叶度春荒

沙飞的摄影创作活动是多方面的，他寻求从各个方面、不同角度来反映晋察冀根据地的抗日军民生活（图4.9）。1939年元旦，沙飞等人在晋察冀军区举办了"华北敌后抗日根据地——晋察冀摄影展览"，其中展出了他一年多来在根据地拍摄的200多幅照片。

沙飞和他的战友们创造了中国摄影史上乃至世界摄影史上光辉的业绩，他是中国摄影史上的重要人物。

二、吴印咸

吴印咸（1900—1994），出生于江苏省沭阳县一个清贫的书香之家，他幼年时入生产棉布和线毯的江苏省立第四工厂半工半读，半天学习文化知识，半天当织毯工人。他自幼喜爱绘画、书法、篆刻，工作之余常常搜集各种具有民族特色的美术图案。他还尝试自己设计线毯图案，并获得了厂方的认可与市场的欢迎。18岁毕业时他被留在厂里，半日教授图画课，半日设计线毯图案，并自修相关课程，这为他日后的发展打下了坚实的基础。

1919年，19岁的他考入上海美术专科学校，开始接受正规的绘画训练。在校学习期间，吴印咸在旧货市场上买回一台老式勃朗尼方匣子照相机，他对摄影逐渐产生了兴趣。1922年，他从上海美术专科学校毕业，回到家乡，一边在县立高小、县立中学、县师范学校教授美术，一边利用课余时间继续心爱的摄影创作活动，并拍摄了许多反映苏北农村自然风光和风土人情的照片。在校接受的绘画训练对于吴印咸的摄影创作产生了重要影响，他的摄影技法十分讲究光线运用。

从1927年起，吴印咸离开家乡到上海谋生，在艺海布景公司绘制舞台布景和照相室布景，在红灯照相馆任摄影师，并在天一影片公司担任布景师。在这里他接触到了电影这门新兴艺术，并在业余时从事摄影创作。

青年时的吴印咸更愿意把照相机镜头对准社会底层的劳苦大众，表现他们的艰辛和苦难，并给予他们极大的同情。他拍摄的《饥寒交迫》《纤夫》等作品，反映了当时的社会现实。

第四章　山西抗日根据地影像的传播者

图 4.10　吴印咸

1935 年，他与许幸之联合举办展览，这是吴印咸第一次举办个人影展，展出其摄影作品 56 幅。同年，吴印咸应电影和文化界泰斗夏衍之邀，到上海电通影片公司拍摄由田汉等编剧、许幸之执导的影片《风云儿女》。该影片表现了知识分子从苦闷彷徨到觉醒奋斗、走向革命的过程，反映了全国人民一致抗战的强烈愿望。片中由田汉作词、聂耳作曲的主题歌《义勇军进行曲》将影片主题更加深化，成为风行全国、激励人民争取民族解放的战斗号角。

后来，他又为明星影片公司二厂拍摄了影片《生死同心》和《马路天使》。前者表现的是革命历史题材；后者反映了殖民地半殖民地社会底层人民的生活与情感，赞美了他们美好善良的心灵，表现了他们为争取自由而开展的抗争，该片上映后在上海乃至全国引起巨大反响。影片《马路天使》是吴印咸的成名作，标志着他电影摄影技巧的成熟，也使他成为全国知名的电影摄影师。1980年至1981年，该片在英国伦敦、美国旧金山及法国巴黎、里昂举行的中国电影月上放映，均受到观众的喜爱。1982年2月，意大利都灵举办的"中国电影五十年回顾展"开幕式上放映了《马路天使》。

吴印咸在摄制影片的同时，利用空余时间拍摄了《呐喊》《霹雳》等作品。《呐喊》以疾声大喊的人物造型宣泄了被压迫的人们要反抗的内心世界，《霹雳》则以乌云滚滚、电闪雷鸣的画面寓意灾难深重的中华民族期望着深刻变革。

1938年夏，袁牧之发来电报，邀他到武汉称有要事相商。原来，在武汉工作的周恩来邀请袁牧之到延安、陕甘宁边区和华北敌后拍摄反映共产党领导下的抗日军民生活与战斗的纪录片《延安与八路军》，吴印咸毅然决定接受邀请。

吴印咸立即赶赴武汉，于汉口逗留期间，他受周恩来委托，在一天夜里到指定地点接受了荷兰著名电影导演伊文思送给八路军的一台只有一个镜头的电影摄影机和2000英尺胶片。袁牧之又从香港购买了电影摄影机及部分胶片，吴印咸购置了3部照相机（图4.11）。袁牧之和吴印咸于当年8月到达延安。1938年9月，在延安成立了八路军总政治部电影团（简称"延安电影团"），团长由原总政治部副主任谭政兼任，政治指导员李肃，艺术及编导负责人袁牧之，技术及摄影负责人吴印咸（后任电影团负责人），摄影徐肖冰，还有总务、勤杂等六七人组成。吴印咸与袁牧之等人担负起拍摄《延安与八路军》纪录片的重任，也拍摄了中国共产党领导人的大量珍贵革命史料。

由于国民党的封锁，当时延安的物质生活极其匮乏，更不必说拍电影的器材。底片使用完了，大家就用印制拷贝的正片代替，千方百计克

第四章　山西抗日根据地影像的传播者

服困难去完成任务。在拍摄电影的同时，吴印咸和同事们还拍摄了大量历史性照片，洗印并放大制作出来，通过各种途径向中外真实地介绍中国共产党领导下的抗日救国事业。

图 4.11　吴印咸购置并使用过的 3 部照相机

1939 年，延安电影团在延安拍摄完成后，赶赴华北抗日前线，摄制八路军的英勇作战和根据地人民的支前活动。吴印咸在前线拍摄了白求恩在前线抢救八路军伤员的纪录电影和《白求恩大夫》这幅名作。在晋察冀根据地，吴印咸又应抗敌报社社长邓拓和军区政治部摄影科科长沙飞之邀，撰写了《摄影常识》一书（图 4.12）。该书作为培训摄影干部的教材，提供给八路军和根据地的摄影干部阅读。该书虽篇幅不大，却是根据地编辑出版的第一部摄影教科书。此书由邓拓、沙飞撰写序言，并由抗敌报社印刷出版，发行到部队和地方广大地区，其重大作用和意义不言而喻。

1940 年，他拍摄了《延安庆祝百团大战胜利大会》《国际青年节》等素材。1942 年，他加入中国共产党，作为电影界代表参加了延安文艺座谈会，并担任会议摄影师。1943 年，他摄制的大型纪录片《南泥湾》

顺利完成。1946年10月，东北电影制片厂成立，他任技术部主任，后任副厂长。1947年，他赴捷克斯洛伐克参加第一届世界青年联欢节，并担任摄影记者。1949年至1954年，他接任东北电影制片厂厂长。任厂长期间，制作了《中华儿女》《赵一曼》《白毛女》《钢铁战士》等优秀影片。1955年，他调往北京与章泯、钟敬之等筹建中国第一所电影教育高等学府——北京电影学院。从那时起，他更是呕心沥血，把全部精力倾注在教书育人的事业中。

吴印咸一边担负领导工作，一边亲自执教，为摄影系学生讲授摄影基础课。吴印咸在主持摄影教学的同时，不忘摄影实践，先后拍摄了《红旗谱》《白求恩大夫》等影片，担任故事片《骆驼祥子》的摄影指导。与此同时，他身先士卒，着眼于学科教材建设，撰写出版了摄影理论巨著，也是北京电影学院摄影系的第一部教科书——《摄影艺术表现方法》（上下册），此书的面世受到摄影界极大推崇。在20世纪50年代中期，国内仅有的几本摄影著作的内容仅仅停留在摄影技术层面，尚无系统讲解摄影艺术造型理论和阐述摄影创作规律的专著。而吴印咸的这部著作，理论与实践相结合，系统地阐明了摄影艺术创作在社会生活中的作用和各类摄影体裁的特点以及艺术表现技巧，因此成为该领域的经典之作。该书不仅是当时唯一开设摄影艺术课程之高等学府的正式教材，也是社会上广大摄影工作者和爱好者喜欢的读物。此书出版不久便售罄，在读者间出现了手抄本。1973年，意大利米兰玛索塔出版社将此书翻译出版并在欧洲发行。

第四章 山西抗日根据地影像的传播者

图 4.12 《摄影常识》封面

1970年，吴印咸任国务院文化组成员。1979年11月，中国摄影家协会召开第三次全国会员代表大会，他当选副主席。1988年11月，上海第二届国际摄影展举办"吴印咸摄影回顾展"，展出其摄影作品121幅。1991年1月，"吴印咸抗日战争时期摄影展"在中国人民抗日战争纪念馆举办，展出其摄影作品69幅。1993年6月，"吴印咸摄影作品展"在瑞士举办，展出其摄影作品90幅。《吴印咸摄影作品珍藏》由中央文献出版社出版。

图4.13 徐肖冰

三、徐肖冰

徐肖冰（1916—2009），浙江桐乡人，他出生于一个破落的商人家庭，6岁入私塾，后升入中学。1932年，因家贫辍学，他离开家乡前往上海，在亲戚的举荐下，入上海天一影片公司当学徒。他聪明机灵，吃苦肯干，很快赢得了师傅的喜欢与信任，也学会了相关技术。从那时起，他对摄影产生了浓厚的兴趣。

1934年，徐肖冰转入电通影片公司和上海明星影片公司，开始实习，担任摄影助理，并在《桃李劫》《风云儿女》《都市风光》《马路天使》等影片摄制组工作。

1937年，徐肖冰受西北电影公司的派遣，去前线拍摄影片。8月底，西北电影公司因敌人空袭太原要迁往成都，徐肖冰没有随公司南迁，而是毅然选择到八路军办事处参加了八路军。

其后，徐肖冰来到延安，在八路军后方政治部宣传科从事摄影工作。1938年年初，他参加组建八路军延安电影团工作。在延安时期，徐肖冰除参加筹备和拍摄电影外，还积极参加延安电影团开展的各项摄影活动，如举办展览、为摄影培训班学员授课等。

为拍摄大型新闻纪录片，徐肖冰于1939年至1941年随电影团走遍各抗日根据地，在抗敌斗争和边区建设中搜集资料，进行战地拍摄，创作出许多鼓舞斗志、激荡人心，在思想内容和艺术形式上都具有很高价值的摄影作品（图4.14至图4.17）。

百团大战期间，徐肖冰与战士们同吃同住，行军战斗在一起。他多次深入火线，携带照相机与战士们一起跨壕沟、攀城墙，记录了真实的场景。

全民族抗战胜利后，徐肖冰调往东北电影制片厂工作，拍摄了许多新闻纪录片，如《解放东北的最后战役》《土地改革》等。除此之外，他拍摄的大量照片成为记录中国革命历史的珍贵文献资料。

图 4.14 女民兵在操练

图 4.15 八路军攻克敌人碉堡后将其拆毁

第四章　山西抗日根据地影像的传播者

图 4.16　部队鲁艺小组在活动

图 4.17　老百姓欢庆八路军打了胜仗

中华人民共和国成立后,徐肖冰调往北京电影制片厂,参拍《新中国的诞生》等纪录片。在1979年召开的中国摄影家协会第三次全国代表大会上,徐肖冰当选主席。徐肖冰坚决贯彻落实中央政策,在他的主持下,设立了"中国国际摄影艺术展",成立了中国摄影出版社等机构,为中国摄影界坚持"为人民服务,为社会主义服务"方向和"百花齐放,百家争鸣"方针在新时期走上健康发展道路作出了极为重要的贡献。

1986年起,在中国摄影家协会和社会各界努力下,徐肖冰与夫人侯波拿出积蓄,在全国各地及日本、法国、英国、德国、荷兰等地举办"徐肖冰、侯波夫妇摄影联展"。徐肖冰从事电影、摄影工作70余年,经历过抗日战争、解放战争、抗美援朝的炮火洗礼,他用镜头真实记录了历史,拍摄了老一辈无产阶级革命家及反映八路军抗战、生活的大量照片,为党的新闻记录和电影事业贡献了毕生精力。

四、苏静

苏静(1910—1997),曾用名苏孝顺,龙海市海澄镇六口碑村人。他初中毕业后在家乡一所小学当教师,后进入师范学校学习。1930年,苏静随父到缅甸,在一所小学任教。其间,他经常到镇上同乡开的一家照相馆学习照相与冲洗技术。1931年,苏静回家乡海澄筹建照相馆。因帮助中国工农红军筹款筹粮、参加革命宣传活动,他被没收了筹办照相馆的全部摄影器材。苏静只好离开家乡,于1932年4月底在漳州参加工农红军,在红一军团司令部当侦察参谋。抗日战争时期,苏静拍摄了一批纪实性与艺术性兼优的摄影佳作。

苏静的代表作有《开赴平型关前线》《登山越岭抢占有利地形》《我军机枪阵地》《满载战利品胜利归来》等。其中《我军机枪阵地》成功塑造了3名八路军战士的威武形象:机枪手扣动扳机对敌猛烈扫射的勇猛姿态;左右两旁一蹲一卧两个战士的神情充分展示了八路军战士胸中燃烧着对敌无比仇恨的烈火。

1937年10月,苏静在山西寿阳拍摄的《八路军医生为日俘医伤》(图

4.18）在《新华日报》发表后，引起强烈反响。这是苏静正式发表的第一幅摄影作品。

1937年11月，继平型关大捷后，八路军第115师与第129师386旅在山西取得了广阳战斗胜利，毙伤日军千余人，缴获战马200余匹、步枪300余支，狠狠打击了日军的嚣张气焰。苏静随军拍摄了一批广阳战斗的照片，代表作有《广阳战斗前沿阵地》（图4.19）、《广阳战斗缴获日军山炮》等。

1955年，苏静被授予中将军衔。1997年11月28日，苏静在北京逝世。

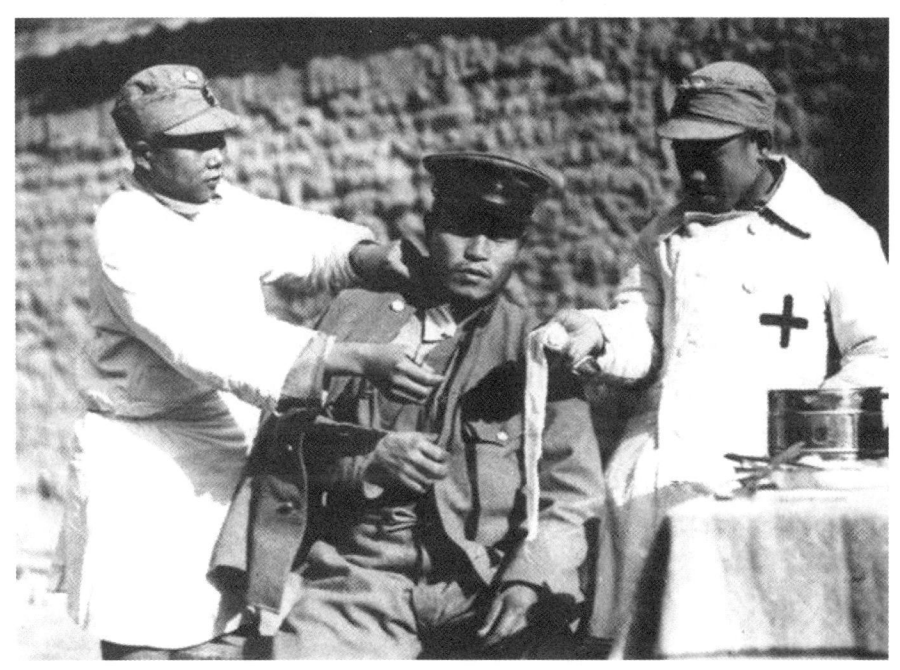

图 4.18　八路军医生为日俘医伤

图4.19 广阳战斗前沿阵地

五、方大曾

方大曾（1912—1937），又名方德曾，笔名小方，祖籍江苏无锡，出生于北京。他的家境比较殷实，其父当时在外交部任职，待遇优厚。还在中学时期，他就用母亲给的7块大洋买了一台折叠相机，由此开始走上摄影之路。1929年，17岁的方大曾就发起成立了少年影社，并举办摄影展。1930年从北平市立第一中学毕业后，他考入北平中法大学经济系，大学期间他曾任北平少先队机关刊物《少年先锋》周刊编辑。尽管所学的专业是经济，但他却将大部分精力投入摄影活动中，经常利用假期外出旅行、写稿和照相。

1935年，方大曾与吴寄寒、周勉之等人一起创办了"中外新闻学社"，并任摄影记者。这一时期，他拍摄了大批反映当地民众生活状况的照片，发表在《良友》《申报》等报纸杂志上，获得了广泛好评，他逐渐在国内摄影界崭露头角。随着国内抗日救亡运动的高涨，方大曾的摄影活动迅速与民族救亡运动紧密结合起来。

第四章 山西抗日根据地影像的传播者

图 4.20 方大曾

1936年至1937年,是他采访报道与摄影创作最旺盛的时期。作为《生活星期刊》《大公报》等著名报刊的特约记者,方大曾在各地奔波采访,发表了大量通讯报道与照片。他以相机和文字为武器,为抗日救亡而奔走,留下了很多反映抗日题材的摄影作品。

1936年年底,绥远抗战爆发后,方大曾不顾旅途凶险及恶劣气候,只身奔赴前线采访。在当时的国内同行眼中,他无疑是抗日救亡运动中最活跃的青年记者。七七事变爆发后,方大曾第一时间前往卢沟桥采访拍摄,发表了反映中国军队抵抗日军侵略的长篇报道《卢沟桥抗战记》。正是由于这种杰出表现,他得到了著名记者范长江的赏识,在范长江的举荐下,他以《大公报》特派记者的身份来到前线,报道抗日前线的最新战况,成为抗战初期为数不多的几位活跃于华北前线的战地记者。遗憾的是,这样一位杰出的战地摄影师不久便在战场上失踪了。

方大曾的摄影传奇戛然而止,他的名字也曾一度被摄影史所遗忘。但幸运的是,亲属们的精心保管,使得他的大量摄影作品被完好地保存下来。2006年3月,方大曾的外甥将他收藏的830余幅原版底片无偿捐赠给中国国家博物馆。经历了70多年的风风雨雨后,这批珍贵的影像史料终于再度进入公众的视野,它所蕴含的深厚历史和艺术价值,将越来越成为后人关注与研究的焦点。作为20世纪30年代纪实摄影的代表人物,方大曾留下了极为丰富的作品,蕴含着强烈的人文主义情怀和爱国主义精神。1936年前后,方大曾的镜头下既有各地名胜古迹、自然风光,也有大量反映广大劳苦大众生活现状的作品。他在天津拍摄了一系列反映船工、纤夫生存状况的照片,在山西拍摄了反映煤业生产状况及工人生活情景的照片(图4.21)。

图 4.21 煤矿工人

方大曾的作品，无论是具体事件还是人物风情，无论是新闻报道还是摄影作品，都严守纪实的方式和真实性原则。他的作品几乎都是以纪实的方式完成的，他关注动荡的时局，用手中的相机和笔记录时代。在现实生活中，在炽热的斗争中，他的摄影力求新颖、鲜明、生动。在他的摄影作品里找不到一点儿虚浮的痕迹，朴实无华，用真实的瞬间场景讲述故事。他的摄影作品体现着他看似无意却独具匠心的丰富内涵，这正是他摄影作品的客观价值和生命力所在。

方大曾，这位活跃在 20 世纪 30 年代的战地摄影记者，以照相机为武器，用图像讲故事，为当时的中国社会传播了正能量，为中国的抗战历史留下了宝贵的图片档案。

六、罗光达

罗光达（1910—1997），浙江吴兴县人。1935 年，罗光达到上海一家洗染店当学徒，从此喜爱上了摄影。从 1936 年起，他积极参加上海文化界的抗日救亡运动。1938 年春，他参加了上海职业青年救亡团。上海失守后，他经香港到广州，后转去武汉，在八路军办事处的安排下去往延安。1938 年 12 月，他进入晋察冀抗日根据地，随即调至晋察冀军区政治部任新闻摄影记者，协助沙飞工作。

罗光达在晋察冀根据地先后拍摄了《太行山上》《金顶妙峰山上的哨兵》《白求恩在前线抢救伤员》（图 4.22、图 4.23）等一批具有重大历史意义的照片。

1940 年，罗光达到娘子关一带采访正太战役情况，创作了一组反映我军破坏敌人交通线的作品。《晋察冀画报》出版期间，担任画报社副社长的他积极招募报社所需技术人员，处理印刷机械、物资的调集工作。1944 年，他奉命去冀东组建晋察冀画报社冀东分社，并任社长，创办了《冀热辽画报》。在这期间，罗光达编写了《新闻摄影常识》，并为部队培养了一批青年摄影干部。

抗战胜利后，罗光达奉命率画报社全体人员前往东北，成立了东北画报社，他担任社长并主持出版《东北画报》。1948年，他调入东北电影制片厂任制片处处长。

罗光达在晋察冀根据地拍摄的作品保留下来的并不多，但其中蕴含的思想却给人以深刻启示。罗光达和其他摄影工作者一样，均以抗日为志向，用照相机作为参战的武器。然而，罗光达有个性地寻求作品的思想内容，发挥出他所认为的"三位一体"的社会历史作用，即反映现实、推动现实、有形地保留现实的统一。

图 4.22 白求恩在前线抢救伤员（一）

1989年，罗光达主编的《巾帼英豪——抗日战争中的晋察冀妇女儿童摄影集》由辽宁美术出版社出版。1995年，《罗光达摄影作品·论文选集》出版。

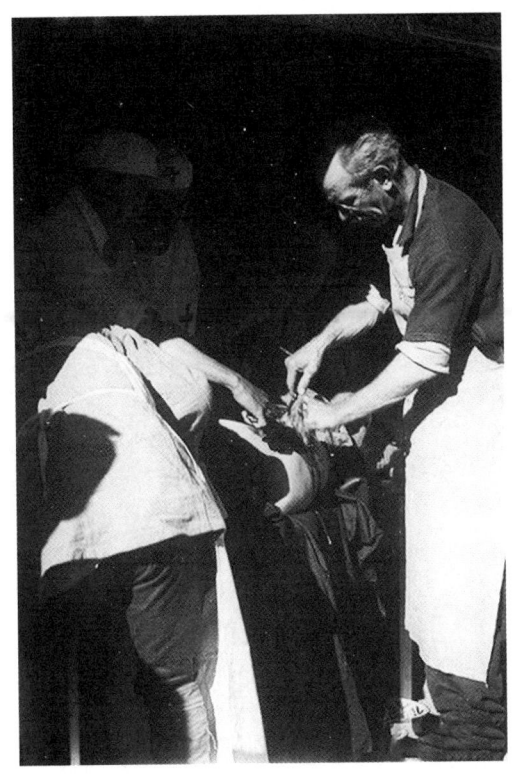

图 4.23　白求恩在前线抢救伤员（二）

七、石少华

石少华(1918—1998)，广东番禺人，生于香港，5 岁时随父母迁居广州。1932 年，石少华入岭南大学分校读初中，在其兄长的影响下，开始接触摄影。入高中后，石少华在课余时经常外出拍摄。

全民族抗战爆发后，石少华经廖承志介绍秘密奔赴延安。1938 年 10 月，石少华加入中国共产党。学习期间，他为庆祝抗大成立 3 周年的一个展览提供了摄影作品。其后，石少华成为抗大记者团的摄影记者。在以后的日子里，他不仅主持和参与晋察冀军区的摄影工作，还积极进行了大量摄影创作活动。

石少华的摄影，如反映地道战、地雷战、大生产运动的大量作品，记录了晋察冀根据地人民革命战争的历史，展现了八路军战士艰苦奋斗、无坚不摧的精神与意志。

图 4.24　石少华

1943年，石少华任晋察冀画报社副主任（图4.25）。1948年，任华北画报社副主任。

中华人民共和国成立后，石少华担任中央新闻摄影局副秘书长兼新闻摄影处处长。1952年4月，任新华社新闻摄影部主任。1956年，当选为中国摄影学会主席。1979年，任新华社党组成员、副社长。

图 4.25　沙飞、石少华和晋察冀画报社的工作人员合影

八、高帆

高帆（1922—2004），原名冯声亮，浙江萧山人，早年就读于浙江省立蚕桑学校。全民族抗战爆发后，正在学校学习的高帆和许多爱国青年一起投入抗日救亡宣传的洪流中。1938 年夏，年仅 16 岁的高帆怀着拯救祖国的满腔热情毅然告别家乡和亲人，越过层层封锁线，奔赴延安，投身到中国革命中。

1938 年年底，高帆赴华北抗日前线，被分配至太行抗日根据地，在八路军第 129 师当宣传干事。高帆随部队活动在平汉铁路线上，以画笔和刻刀为宣传工具，从事《战场画报》的编辑、美工、摄影工作。在枪林弹雨的战场上，战友们为了打击侵略者浴血奋战、勇往直前的精神深深地感染了高帆。1939 年，部队从日本侵略者手中缴获了一台照相机，并将这一特殊武器交给他使用。从那时起,高帆就以照相机为武器走上战地摄影记者之路。1939年冬天,八路军总部组织华北各部队发起了百团大战,进行反"扫荡"、反"蚕食"斗争,高帆背起相机和广大军民一起参战。1941年起,高帆拍摄了《拆炮楼》《涉过河,向敌据点奔袭》等珍贵照片,极大地鼓舞了太行军民的抗战热情。

图 4.26　高帆

在战地拍摄中,高帆力求做到近些,再近些,使拍摄的画面能够真实地再现战场的情景。他真实地记录了《武工队奔赴敌占区》《破坏敌人封锁线》等一系列战争场景,为中国的战争史和摄影史留下了珍贵的历史档案(图4.27)。

第四章　山西抗日根据地影像的传播者

晋冀鲁豫抗日根据地建立后,敌人封锁严密,生活条件十分艰苦。在长达 3 年的时间里,部队开展了大生产运动,一面战斗,一面生产。在此期间,高帆创作了《开展大生产运动》《自己动手挖窑洞》等作品,展现了军民亲密团结的生动场景。

图 4.27　上党战役中,晋冀鲁豫部队攻克屯留

1943 年,高帆参加编辑出版《战场画报》。初期的画报是单张石印,不能照相制版,只能刊载木刻和线条简单的美术作品。

1944 年 6 月,部队领导决定出版摄影画报。八路军第 129 师政治部副主任黄镇指派高帆前往晋察冀画报社请教并协助制版。高帆经化妆后,身上装了两颗手榴弹,带着刘伯承、邓小平的信件和一沓照片,在武工队员的护送下越过重重封锁线,从晋冀鲁豫前往晋察冀军区。在"扫荡"与反"扫荡"、"蚕食"与反"蚕食"、封锁与反封锁的对敌斗争中,高帆历经艰辛,在晋察冀军区把照片制成铜版,带回摄影制版材料。他往返 40 天,圆满地完成了首长交给的任务。从此以后,《战场画报》以

73

崭新的面貌出现,刊载的摄影作品成为鼓舞人民、打击敌人的有力武器。从太行走来的高帆经历战争,记录战争,他的一生闪烁着一个军事摄影工作者的光辉足迹。

中华人民共和国成立后,高帆任西南军区《西南画报》主编。1951年,他参加了《解放军画报》的创建工作,后任副总编辑、总编辑和社长。1957年,《中国摄影》创刊,高帆为首任主编。1956年,中国摄影学会成立,高帆是发起人之一,他先后被推选为第一至三届中国摄影学会常务理事。1979年,中国摄影学会更名为中国摄影家协会,高帆被推选为第四届中国摄影家协会副主席、第五届中国摄影家协会主席。

图 4.28　裴植

九、裴植

裴植(1918—2015)，山西运城人，生于北京。1938年6月，裴植参加革命，同年加入中国共产党。1941年，裴植调任晋察冀军区政治部印刷所，和沙飞、罗光达一起筹建晋察冀画报社。1946年2月，裴植和袁克忠等人调入晋冀鲁豫军区工作，任摄影科科长。他和高帆等人共同创办《人民画报》，并开办摄影训练班，培养出一批摄影人员。1948年，他领导创办了《中原画刊》。1950年，他在重庆与高帆一起创办《西南画报》，任画报社社长。1955年，裴植调入国家体委，曾任人民体育出版社副社长、《中国体育报》副总编辑。

十、蔡尚雄

蔡尚雄（1919—2014），广东香山（今中山市）人，1939年加入中国共产党。他于1937年考入广州仲恺工农专科学校，1938年赴延安在抗日军政大学第五期学习。蔡尚雄曾在晋察冀边区政治部宣传部、军区抗敌剧社美术队、晋察冀画报社等处工作。他经常随八路军、游击队深入游击区和敌后方活动，同战士一起行军作战。在今天所见到的记录抗日战争的历史影像中，留存有不少蔡尚雄的经典摄影作品（图4.30至图4.33）。

图 4.29　蔡尚雄

图 4.30 晋察冀边区八路军渡过滹沱河,向敌占区进军

第四章 山西抗日根据地影像的传播者

图 4.31 八路军在五台山金阁寺准备迎击来犯的敌人

图 4.32 晋察冀军区部队摧毁日军设在华北的第二大堡垒——椿树底

图 4.33 八路军通过古北口向塞外挺进

第五章
山西抗日根据地经典影像评析

一、《太行山上》

图 5.1 太行山上

1939年，罗光达拍摄的《太行山上》（图5.1）是一幅具有象征意义的照片。天色微明，一名八路军哨兵屹立在高山之巅，他手持装有刺刀的枪，挺胸站立，双脚分开，以一种保家卫国的姿态面向前方。画面中大面积的天空阴云翻滚，一片灰暗，但士兵挺拔的身姿和尖利的刺刀无惧这一切。黑色的山峰后一抹阳光正穿透黑暗，暗示太阳冉冉升起。罗光达选择以仰视角度、逆光拍摄这样一位持枪的八路军战士屹立于太行山巅的身影，表现了祖国领土保卫者的威严。太行山有天然长城之称，巍巍太行与长城一样，都是中华民族不屈精神的象征，也正是在太行山上，八路军建立了太行抗日根据地。画面上战士高大、威武的形象凝结着人民的抗战信念，而正在冉冉升起的太阳则象征着中国抗战胜利的光明前景。画面构图简练，意蕴深远，具有动人心魄的感染力。这是作者在长期积累下精心创作的作品之一，这幅作品将八路军士兵形象与其英勇战斗的胜利信心联系在一起，是中国摄影史上的名作。沙飞对这幅照片大加赞赏，他在摄影训练班给学员讲课时曾多次将这幅照片作为思想性、艺术性兼优的摄影创作范例进行剖析。

二、《白求恩大夫》

《白求恩大夫》（图5.2）是吴印咸于1939年10月下旬拍摄的。在八路军晋察冀军区部队的一次反"扫荡"战斗中，吴印咸随战队采访，正赶上白求恩做手术。简易的手术台，古老的小庙，以及白求恩严肃认真、沉着冷静的神情，吴印咸用相机记录了这弥足珍贵的历史瞬间。

当时日本侵略者发动了冬季大"扫荡"，战斗异常残酷。正准备起程回国筹集资金、器材和药品的加拿大医生白求恩毅然决定留下来救治伤员。根据白求恩救护工作务必靠近火线的原则，手术室就安置在离火线只有几里的一座小庙里。白求恩高卷着袖子，弯着腰，站在手术台前有条不紊地指挥着整个抢救工作，极其认真地为每一个伤员做着手术。日本侵略者向孙家庄袭来，后山发现有大批敌人，情况十分危急。白求恩命令立即转移轻伤员，重伤员就地进行手术。枪炮声越来越近，大家一再劝他撤

第五章　山西抗日根据地经典影像评析

离，但他镇定自若，仍然聚精会神地做着手术，挽救着一个个战士的生命。吴印咸目睹着这一切，被白求恩这种将个人生死置之度外的精神深深地感动，用照相机记录了这一感人肺腑的场景。

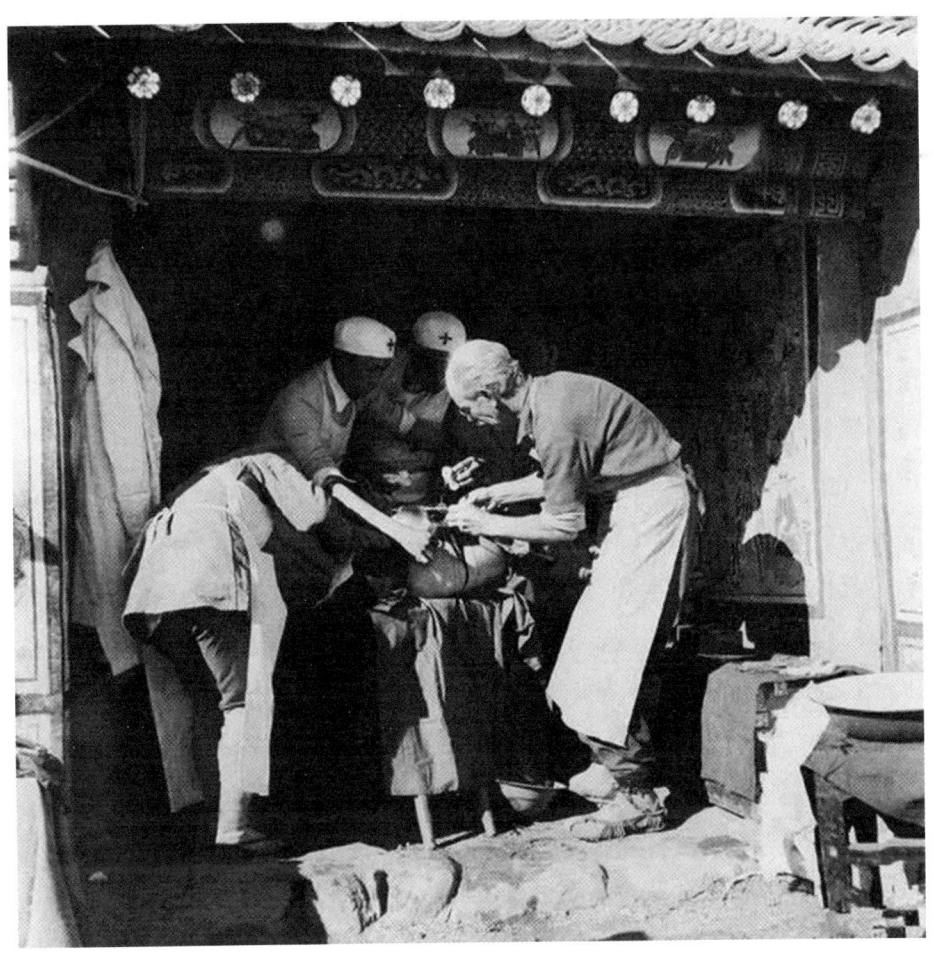

图 5.2　白求恩大夫

在这幅照片中，作者以精湛而纯熟的摄影技巧塑造了白求恩这位崇高的国际主义战士形象。它不仅以独特的纪实性和完美的造型手段表现了长久不衰的生命力，而且为诸多表现白求恩的文艺作品提供了权威的形象资料。尽管距离拍摄这幅照片已过去 80 多年，照片中的主人公和作

81

者也都已离我们而去，但是照片中的人物、环境、意境，仍然深深地刻在几代人的心中。时至今日，当许多人谈起白求恩时，脑子里浮现的还是这幅照片中他鲜活的形象。这幅照片持久的感染力和震撼力来自何处，除了白求恩自身的人格魅力外，从摄影技术角度讲，它的成功之处在于对画面主体的恰当处理，位置、角度、光线等各方面都对主体的刻画起到了良好的衬托作用。

首先，从摄影构图上看，白求恩在画面上处于中心地位，这种优势一方面表现在面积上，他所占的面积在画面上是最大的；另一方面表现在构图上，他是画面绝对的视觉中心和支配全局的结构支点。作者把镜头对准了白求恩的正侧面，把白求恩的头部、身躯和手所组成的动态线条充分地展现出来，不仅完美地表现了白求恩专注的神态，而且使得白求恩和画面中的其他人建立起了一定的交流关系。画面中三双手的汇聚点把人们的视线自然引到手术上，为观者提示了做手术这一特定事件，同时为塑造白求恩的形象提供了重要的情节因素。

其次，光线对主体的刻画作用。光线在摄影中的重要作用是众所周知的，它是刻画物体的重要手段。如果想强化某一物体，就可以给该物体以最强的光线照明，从而赋予其最亮的影调，达到突出强化的目的。相反，如果想弱化某一物体，就可以使其不接受光线照明，这样该物体的影调就会相对较暗，从而在观者视线中处于劣势。当年，跟随延安八路军政治部电影团到晋察冀抗日前线采访的吴印咸正好赶上这台手术。由于当时他没带闪光灯，而且又是在小庙里，这给拍摄带来一定难度。过了一会儿，一缕阳光从左侧照在白求恩身上。吴印咸按下快门，白求恩救治伤员的感人场景就这样被定格了下来。吴印咸选择的拍摄角度对处理照片主体非常有利，光线的巧妙运用使白求恩的形象从其他人物中突显出来，使这幅照片具有了较强的生命力和厚重的历史感。照片中的白求恩在最亮的影调中，这突出了他聚精会神的专注表情和细致入微的手上动作。由于是拍摄做手术场景，其他医护人员是必不可少的，他们在画面中起辅助、陪衬的作用，这就决定了他们不能过多地抢夺观者视线。因此，作者选择了恰当的拍摄时机：两个面对镜头的医护人员自然处于暗部，面部几乎看不到；另外一个医护人员虽然处在直射的阳光下，但是背对作者，而且作者巧妙地选择了他俯下身子的瞬间，使他成为一个不完整的形象。作者通过这样的处理，使白求恩从其他人物中明显突出。

我们还应该注意到照片中的典型环境：手术室是在中国农村的一所旧的庙宇，工作条件简陋。即便如此，白求恩照样认真工作着。这种典型环境不仅赋予照片强烈的历史感，而且对塑造国际主义战士白求恩这个典型人物形象大有裨益。

《白求恩大夫》就是这样一幅难得的反映当时时代特征的精品。时至今日，我们仍然会被这幅照片中所包含的深邃的历史感和浓厚的感情所折服。

三、《前线视察》

图 5.3　前线视察

1940年春，延安电影团完成《延安与八路军》的拍摄，从敌后返回延安，途经晋西北时，吴印咸拍摄了这幅八路军第120师领导人在山头上观察敌情的作品（图5.3）。吴印咸抓取领导人全神贯注、举目观察前方同一目标的瞬间，成功地塑造了八路军领导人的高大形象。这幅照片以天空为背景，低角度拍摄，主题突出。拍摄形神兼备的人物瞬间是吴印咸在拍摄时追求的目标，《前线视察》是他较为满意的作品之一。

四、《平型关战役中八路军的机枪阵地》

平型关战役时，苏静以敏锐的新闻嗅觉和艺术眼光在激烈的炮火声中成功地塑造了机枪阵地中八路军战士的威武形象（图5.4）。整幅画面生动真切，富有强烈的感染力。

图5.4 平型关战役中八路军的机枪阵地

五、《狮脑山战斗中八路军机枪阵地》《关家垴战斗》

徐肖冰的这2幅作品（图5.5、图5.6）都是在百团大战时拍摄的。狮脑山在阳泉市外围，关家垴在晋东南武乡县境内。当时徐肖冰在炮火激烈的前沿阵地上拍下了这两个珍贵的历史镜头。2幅作品都是从低角度拍摄，一个从背面，一个从侧面，展现了八路军战士对敌猛烈射杀的英姿。前者为中景，包含人物较多，画面充实；后者为近景，主体为两名战士，形象神态表现得更加突出。

图 5.5　狮脑山战斗中八路军机枪阵地

图 5.6　关家垴战斗

六、《切断敌人补给线》

《切断敌人补给线》（图5.7）由李峰拍摄于1944年。当时，李峰随军区去破坏南同蒲铁路，以切断敌人的补给线。经严密布置，他们决定在夜间由部队掩护支前民工强行破路。铁路旁边有敌人的碉堡，铁路就在碉堡内敌人的视线和炮火射程范围内。为了保证破坏铁路的民工安全，部队指战员先把敌人的碉堡围起来，监视敌人的动静。敌人重点把守铁路，两边都是一丈多深的护路沟，沿线每隔几里就有敌人的据点，两个据点之间的铁路都在敌人炮火控制下。大家趁天黑移动到铁路两边，部署完毕后，民工们用大铁钳拧开铁轨上的道钉，然后压低声音喊着整齐的号子，让铁路来了个大翻身。李峰用的是旧式折叠式相机，他操纵相机，请林真帮助点亮闪光灯，当镁光粉在黑夜里闪射出一片白光，这一展示人民力量的镜头就被定格了。大家迅速撤离现场，随后敌人的炮弹就朝着刚才闪光的地方打来。《切断敌人补给线》长年陈列于中国人民革命军事博物馆和中国人民抗日战争纪念馆。

图5.7 切断敌人补给线

七、《救救孩子》

《救救孩子》（图5.8）是李峰在1943年拍摄的，它以毁坏的房屋为背景，以孩子救护孩子的瞬间把画面蕴含的愤怒之情推向了高潮。该作品表现出的现场感极强，两个孩子一哭一悲的神情产生出巨大的力量。

图 5.8　救救孩子

第六章
山西抗日根据地电影的兴起与发展

一、中国电影发展史

电影诞生于19世纪末。1895年12月,在法国巴黎正式放映了《工厂大门》《水浇园丁》等几部世界上最早的影片。1896年8月,上海徐园放映了西洋影戏,这是中国第一次放映电影,随后在北京及其他城市也陆续放映了外国影像。电影在中国的出现,给中国人民带来了一种新的娱乐形式,受到了观众的极大欢迎,也促使我国知识分子萌发了摄制中国自己的影片的愿望。中国人尝试拍摄影片,开始于1905年的秋天,由开设在北京的丰泰照相馆摄制。当年,京剧泰斗谭鑫培出演《定军山》,影片上映时,万人空巷,可见观众对我国自制影片的欢迎和喜爱程度之深。辛亥革命后,我国电影界先辈张石川、郑正秋等人开始经营电影公司,自编剧本,拍摄了故事片《难夫难妻》。与此同时,商务印书馆也派人赴欧美实地考察印刷、电影业的状况,他们回国后成立了活动影戏部,广泛开展摄制影片的活动,所摄影片题材有风景、时事、教育、新剧、古剧五大类。这些影片比较严肃地介绍了祖国的美丽河山、人文风俗、悠久文化,这在一定程度上激发了观众的爱国主义情感。

十月革命的胜利对中国产生了巨大影响,1921年中国共产党成立后,文化战线上进步的文艺工作者也认识到了电影事业的重要性。从1921年至1931年这10年间,中国各地的电影公司,特别是上海的100多家电影公司,共拍摄了650余部故事片,但绝大多数是鸳鸯蝴蝶派文人和投机商人主持编导的有关风花雪月及神怪情节的故事片。而一批留学归国的先进知识分子接受了无产阶级文化思想，创作了有一定社会历史意义的电影作品，如洪深的作品《爱情与黄金》、欧阳予倩的作品《玉洁冰清》《三年以后》《天涯歌女》等。田汉在1926年创办了南国电影剧社，这在中国早期电影史上有着特殊意义。

新民主主义革命时期，在中国共产党领导下，革命的文艺运动在国民党统治区冲破了反动派的排挤迫害，逐步发展壮大起来。随着中国革命武装斗争的发展及革命根据地的建立，崭新的人民文艺运动也在党和根据地政权的领导和关怀下蓬勃发展。

1929年12月，毛泽东就指出了包括文艺工作在内的红军宣传工作的重要意义。1930年，苏区的文艺运动迅速发展，出版了34种报刊，之后成立了八一剧团、高尔基戏剧学校等。

1935年10月，红军到达陕北后，随着陕甘宁革命根据地的扩大和巩固，以及晋察冀、晋绥、晋冀鲁豫等抗日根据地的建立，文艺运动更加迅速地发展起来。当时，大批进步知识分子和文艺工作者来到抗日根据地，迅速地扩大了抗日根据地的文艺队伍。1938年，延安成立了鲁迅艺术学院，出版了多种抗日文艺刊物，成立了抗战文艺工作团、烽火剧团等。1938年9月，延安电影团在延安成立，革命根据地的电影事业也随之诞生。

二、延安电影团——中国共产党历史上第一个电影机构的建立

1. 延安电影团的成立

延安电影团的创建，渗透了周恩来的大量心血。1937年8月，日本侵略者进攻上海，大批电影从业人员纷纷离开上海，希望为抗战作出贡献。袁牧之、陈波儿、钱筱璋前往南京，找到八路军驻南京办事处负责人叶剑英，表达了他们希望赴陕北拍摄红军相关电影的意愿。叶剑英介绍他们去武汉找周恩来，周恩来接见了他们，肯定了他们的意愿和设想，后派袁牧之赴香港购置电影器材。在廖承志的帮助下，袁牧之从香港购买到电影摄制机和胶片，返回武汉。

第六章　山西抗日根据地电影的兴起与发展

这时，世界著名纪录片大师、荷兰著名电影导演伊文思（图6.1）来到中国拍摄纪录片《四万万人民》，他们计划到延安拍摄八路军的镜头，到了西安之后，由于他们无法进入延安，于是返回武汉拍摄了八路军驻武汉办事处的开会情景，以及八路军领导人的镜头。在得知袁牧之等人赴延安拍摄电影时，伊文思将自己使用的电影器材及胶片赠送给了八路军驻武汉办事处。之后，袁牧之和吴印咸等人在周恩来的安排和指导下前往革命圣地延安。

图6.1　伊文思

在袁牧之等人来到延安之前，陕甘宁边区曾于1938年4月成立过一个电影组织，名为陕甘宁边区抗敌电影社，并确定了摄制抗战影片和拍摄前方抗战、边区生活等新闻照片的工作任务。

1938年9月，电影团在延安成立，谭政兼任团长，总政秘书长彭加伦和总政宣传部部长萧向荣先后具体领导电影团的工作。电影团成立时的名称是八路军总政治部延安电影团。1942年5月，中央军委决定成立陕甘宁晋绥联防军司令部、政治部。电影团整顿建制后编入联防军政治部宣传部，改为联政电影团，联政电影团日常通称电影团。中华人民共和国成立后,为了强调电影团在那个时代的意义和影响,便称之为延安电影团了(图6.2)。

图6.2 1939年,延安电影团成员在华北敌后留影
吴印咸(左二)、叶昌林(左三)、徐肖冰(左四)、袁牧之(右二)

电影团成立之初,全团只有6个人,参加过长征的干部李肃担任政治指导员,袁牧之负责艺术指导,吴印咸和徐肖冰做摄影工作,另外又从抗大的学生中调来叶昌林和魏起。从事过电影工作的只有袁牧之、吴印咸、徐肖冰三人。1939年后,又调入吴本立、马似友、周从初、钱筱璋、程默等人(图6.3)。1940年6月,八路军总政治部决定由吴印咸主持电影团的日常工作。当时,由于国民党的经济封锁,陕甘宁边区物资供应匮乏,电影团的胶片所剩无几,无法开展正常的拍摄工作。为克服困难,延安的不少文艺机构或精减或合并,但电影团被保留了下来。

电影团成立后,全团遵照党的指示,以革命的胆识和献身精神,在异常困难的条件下,迈出了开拓党的电影事业的第一步。全团开始积极为中国共产党的第一部纪录电影做准备工作,这部电影的名称就叫《延安与八路军》。

第六章　山西抗日根据地电影的兴起与发展

图 6.3　1939 年，徐肖冰（前排左二）与延安电影团工作人员合影

2. 延安电影团拍摄的第一部大型纪录片——《延安与八路军》

《延安与八路军》由袁牧之（图 6.4）负责艺术设计和编导工作，吴印咸主持摄影工作。对于该片的主题思想，袁牧之早有酝酿，但影片的具体内容和完整构思是在工作进程中逐步形成的。

制作电影对袁牧之和吴印咸来说应该是轻车熟路，但那是在上海和武汉的摄影厂里，而且表现的是他们较为熟悉的故事。尽管他们对中国共产党和八路军向往已久，可是他们也都来到延安不久，并不十分了解他们要拍摄的这个黄土高原上的革命圣地和中国共产党人与党所领导的这支英勇抗击日本侵略者的八路军队伍。但是，所有这些困难并没有削弱他们的信心和决心，因为党的全力支持与关心，以及充满革命热情的延安城时时振奋着他们的精神，鼓励着他们积极工作。

电影团成员深入延安的各个地方去进行采访，并作调查研究。因为他们明白，要想制作一部真正反映陕甘宁边区和八路军的影片，必须真正熟悉他们。他们看到一批批向往革命、坚决抗日的爱国志士通过重重封锁线奔赴延安，延安的人淳朴善良、亲密无间，这都深深地打动着电影团的每位成员。

图 6.4　袁牧之

袁牧之深入生活之后，新的生活、新的事物、新的人物形象激发了他的创作灵感，他马上投入创作中。他阅读了在延安保留的大量资料，了解了党在抗战时期的政策，采访了党和军队的各级领导，熟悉了延安及边区的情况，甚至还听了很多八路军战士的抗日故事。特别是许多原来在上海和武汉他就认识的文化界老朋友，给予了他多方面帮助。在此过程中，吴印咸带着徐肖冰在延安城各处考察拍摄场景，并拍摄了宝塔山和延安城全景的镜头。随着对延安和八路军的深入了解，袁牧之写出了《延安与八路军》的拍摄计划与提纲。随后，经过不断修改与讨论，得到了党中央的认同与批准。《延安与八路军》的提纲分四部分：第一部分表现全民族抗战爆发后全国各地的进步青年如何通过重重封锁线纷纷来到延安这一革命圣地；第二部分介绍延安的政治、经济、文化等各方面情况，包括中国共产党中央领导和机关，以及当地居民的生活工作情景等；第三部分是反映八路军的战斗生活及敌后抗日根据地的情况；第四部分展示从全国各地奔赴延安来的进步青年怎样经过学习之后分赴前线各地参与抗战。

根据这一提纲，他们首先在延安进行了2个月的拍摄，但意义深远的第一组镜头却是在陕北中部的桥山黄帝陵前拍摄的，这也是袁牧之艺术设计的用意良深之处。电影团的摄影机从这里开始转动了，它表明《延安与八路军》要从这里开始拍摄，它将中国共产党誓为抗日救亡的决心传达给天下，唤起炎黄子孙的爱国情感，动员全国人民奋起抗战，捍卫中华民族的尊严。

摄影队结束了黄帝陵的拍摄后，返回延安，继续按计划在延安和陕甘宁边区拍摄《延安与八路军》的素材。他们把延安的自然风貌、党中央领导同志的活动、活跃的民主政治、艰苦的生活、自力更生的经济建设以及蓬勃发展的文化教育、文学艺术活动等都纳入素材中。这些镜头如实地记录了延安的革命生活，这对鼓舞全国人民进行抗日斗争、坚定胜利信念具有重大作用。

经过电影团摄影队几个月的努力，延安的素材顺利拍摄完成了。根据拍摄计划，摄影队开始为第二部分拍摄计划作准备。

毛泽东十分关心电影团的工作。1939年1月，电影团在启程之前，毛泽东在家里接见了电影团的同志们。袁牧之、吴印咸、徐肖冰等人按照约定的时间来到杨家岭，袁牧之作了汇报，介绍了《延安与八路军》拍摄的进展与遇到的困难。毛泽东听取汇报后，肯定了他们工作的意义，并指示他们克服困难，把电影事业坚持做好。毛泽东对革命形势充满信心的判断、对未来电影事业的乐观精神使他们深受教育和鼓舞。

(1) 在晋绥抗日根据地的拍摄

1939年1月25日,袁牧之率领电影团摄影队全体人员从延安出发奔赴华北敌后抗日根据地,继续拍摄《延安与八路军》的前线部分。同年2月1日,电影团一行从陕北东渡黄河天险,首先到达晋西北地区的晋绥抗日根据地。晋绥抗日根据地是抗日战争时期中国共产党领导的华北抗日前线四大根据地之一,战略地位十分重要。

在晋绥抗日根据地,他们拍摄了八路军领导人在前线视察以及八路军第120师358旅活动的许多镜头。随后电影团又去了兴县、临县、岚县一带,拍摄了当地人民群众支援八路军作战的场景。

电影团在此前后拍了一个多月,然后穿过日军严密防守的同蒲路封锁线,进入晋察冀抗日根据地。

(2) 在晋察冀抗日根据地的拍摄

电影团一行从晋绥抗日根据地进入晋察冀抗日根据地后,在一年的时间里,从西到东,从北到南,走遍了晋察冀军区的四个军分区。电影团在抗日根据地拍摄既危险又艰难,他们来回行动都要穿过敌人的封锁线。

1939年4月,电影团一行来到晋察冀军区第二军分区,在这里拍摄了抗大二分校的军事教育活动等珍贵资料。6月,电影团一行来到晋察冀军区第四军分区,在这里不仅拍摄了部队的活动,还拍了妇救会、儿童团、识字班及群众支援部队等素材。7月,电影团一行来到晋察冀军区第三军分区,拍摄了敌后的军工生产,如制造手榴弹、地雷的兵工厂和机械所。此外,还拍摄了部队的被服厂、群众支援前线民兵等活动,其中妻子送郎参军、父母送子上战场的场面最为感人。10月,电影团一行来到晋察冀军区第一军分区,电影团在这一带工作时间较长,拍摄资料较多。

1939年12月,在袁牧之主持下,电影团在晋察冀军分区的驻地进行了小结。在近一年的时间里,电影团拍摄了大量素材。

第六章 山西抗日根据地电影的兴起与发展

(3) 在晋东南抗日根据地的拍摄

1940年2月,李肃、徐肖冰、吴本立三人组成的摄影组出发,顶着鹅毛大雪,通过敌人的封锁线,来到华北敌后根据地的心脏——晋东南太行山区。电影团在八路军总部拍摄了八路军领导人和指战员在前线活动和指挥作战的素材。

电影团返回延安后,开始积极准备纪录片《延安与八路军》的后期制作工作。但是,电影团没有任何洗印影片的设备,而延安既没有电,也没有电影洗印必需的大量流水。为了完成后期制作,袁牧之想了各种办法,终因延安当时缺乏必要的技术条件,后期制作无法进行。党中央听取了袁牧之的情况汇报,经过商量和讨论,决定派袁牧之带着已经拍好的胶片去苏联完成后期制作。当时延安与莫斯科之间的交通基本畅通,基本安全可行。再者,苏联的电影技术和设备经过多年发展,可以满足后期制作需求。袁牧之向党中央提出,《延安与八路军》应该是有声片,除解说词外,应配上音乐,他希望党中央能批准冼星海同去苏联参与影片的后期制作。党中央批准了袁牧之的请求,同意派冼星海和他一起去苏联。

《延安与八路军》是第一部反映中国共产党和八路军历史的电影资料。它的内容非常丰富,记录了革命圣地延安人民的民主生活,以及政治、经济、文化在陕北的蓬勃发展,真实地反映了抗日根据地的人民在党中央直接领导下的不寻常的革命生活。它还记录了中国共产党领导八路军和山西抗日根据地人民的抗日斗争,以及八路军英勇打击日本侵略者的战斗情形。这不仅是我国抗日战争的时代缩影,也是中国共产党抗日战争时期的重要党史资料。

3. 延安电影团在抗日根据地的活动

延安电影团在拍摄完成《延安与八路军》素材的同时,还配合节日或会议以及重大事件拍摄了较多的新闻纪录片。

应特别提到的是,电影团在1942年开始摄制大型纪录片《生产与战斗结合起来》,根据地军民称其《南泥湾》。这部影片由吴印咸、徐肖冰拍摄,钱筱璋编辑。影片主要内容是八路军第 120 师 359 旅向南泥湾垦荒,战士们挖窑洞、修路筑桥、烧炭造纸,以及创办其他各种手工业作坊。影片放映后,引起各界关注。

延安电影团的主要任务是拍摄新闻纪录片,同时也肩负着放映电影和照相的任务。特别是八路军总政治部决定将电影放映队并入电影团之后,进一步扩大了放映规模,电影团的工作从此进入新阶段。

放映队担负着为部队、机关、学校以及边区群众的放映任务。放映队用毛驴驮着放映机、手发电机放映影片,走遍了陕甘宁边区的部队、机关和乡村,人们甚至会跑几十里路来观看这部影片。

延安电影团自成立之日起,在党中央的直接关怀和指导下,在广大人民的支持和帮助下,在长期艰苦奋斗的岁月里,取得了巨大成绩,为中国共产党的电影史写下了极为光辉的篇章,为新闻电影的发展奠定了坚实基础。

参考文献

专著

[1] 顾棣，方伟．中国解放区摄影史略[M]．太原：山西人民出版社，1989．

[2] 顾棣．中国红色摄影史录（上、下）[M]．太原：山西人民出版社，2009．

[3] 顾铮．世界摄影史[M]．杭州：浙江摄影出版社，2005．

[4] 甘险峰．中国新闻摄影史[M]．北京：中国摄影出版社，2008．

[5] 高隽，谢昭．图像理解理论与方法[M]．北京：科学出版社，2009．

[6] 高琴．透过硝烟的镜头：中国战地摄影师访谈（1937—1949）[M]．北京：中国摄影出版社，2009．

[7] 高燕．视觉隐喻与空间转向：思想史视野中的当代视觉文化[M]．上海：复旦大学出版社，2009．

[8] 韩丛耀．图像：一种后符号学的再发现[M]．南京：南京大学出版社，2008．

[9] 郝平，周亚，李常宝．中国抗日战争全景录（山西卷）[M]．太原：山西人民出版社，2015．

[10] 曹聚仁，舒宗侨．中国抗战画史[M]．北京：中国书店，1988．

[11] 蔡子谔．沙飞传：中国革命新闻摄影第一人[M]．北京：中国文联出版社，2002．

[12] 陈龙，陈一．视觉文化传播导论[M]．上海：上海三联书店，2006．

[13] 陈申，徐希景. 中国摄影艺术史[M]. 北京：生活·读书·新知三联书店，2011.

[14] 段钢. 寻觅图像世界的密码：图像世界的学理解读[M]. 上海：上海人民出版社，2008.

[15] 程栋，刘树勇，霍用灵. 战争文化图说：人性与战争[M]. 济南：山东画报出版社，2004.

[16] 蒋齐生，舒宗侨，顾棣. 中国摄影史（1937—1949）[M]. 北京：中国摄影出版社，1998.

[17] 晋察冀文艺研究会. 人民战争必胜：抗日战争中的晋察冀摄影集[M]. 沈阳：辽宁美术出版社，1988.

[18] 李文，金爽. 国魂：抗战画史[M]. 北京：团结出版社，2005.

[19] 林路. 摄影思想史[M]. 杭州：浙江摄影出版社，2008.

[20] 秦风老照片馆. 抗战中国国际通讯照片[M]. 桂林：广西师范大学出版社，2008.

[21] 秦风老照片馆. 影像民国（1927—1949）[M]. 桂林：广西师范大学出版社，2009.

[22] 任悦. 视觉传播概论[M]. 北京：中国人民大学出版社，2008.

[23] 盛希贵. 影像传播论[M]. 北京：中国人民大学出版社，2005.

[24] 石少华. 摄影工作散论[M]. 北京：新华出版社，1998.

[25] 石少华. 摄影理论和实践[M]. 北京：新华出版社，1982.

[26] 舒宗侨. 第二次世界大战画史[M]. 北京：中国书店，1988.

[27] 司苏实. 沙飞和他的战友们[M]. 北京：新华出版社，2012.

[28] 孙明经. 1937年：战云边上的猎影[M]. 济南：山东画报出版社，2003.

[29] 田建平，张金凤. 晋察冀抗日根据地新闻出版史研究[M]. 北京：人民出版社，2010.

[30] 田涌，田武. 晋察冀画报·一个奇迹的诞生：中国红色战地摄影纪实[M]. 北京：金城出版社，2012.

[31] 王明珂. 华夏边缘：历史记忆与族群认同 [M]. 北京：社会科学文献出版社, 2006.

[32] 王雁, 安哥. 沙飞摄影选集 [M]. 广州：花城出版社, 2005.

[33] 吴群. 中国摄影发展历程 [M]. 北京：新华出版社, 1986.

[34] 吴筑清, 张岱. 中国电影的丰碑：延安电影团故事 [M]. 北京：中国人民大学出版社, 2008.

[35] 于德山. 中国图像叙述传播 [M]. 济南：山东文艺出版社, 2008.

[36] 中共上海市委党史研究室, 中共一大会址纪念馆. 上海抗战画史 [M]. 上海：上海人民美术出版社, 2005.

[37] 中国国家博物馆, 中国现代史学会. 中国民众抗战画史 [M]. 成都：四川人民出版社, 2005.

[38] 中国社科院新闻研究所. 抗日战争时期的中国新闻界 [M]. 重庆：重庆出版社, 1987.

论文

[1] 鲍昆. 抗战时期的中国摄影 [J]. 艺术评论, 2005(04).

[2] 薄松年. 工农革命运动初期的美术宣传活动 [J]. 美术研究, 1959 (04).

[3] 曹意强. "图像证史"：两个文化史经典实例 [J]. 新美术, 2005 (02).

[4] 曹意强. 可见之不可见性：论图像证史的有效性与误区 [J]. 新美术, 2004 (02).

[5] 陈廷湘. 抗日根据地的民主政治与抗战民众动员 [J]. 社会科学研究, 1997 (03).

[6] 陈阳. 以"画"为本书写画报史 [J]. 国际新闻界, 2012 (07).

[7] 董寿延. 射向敌人的无声子弹：忆晋察冀画报 [J]. 北京党史研究, 1995 (05).

[8] 葛兆光. 思想史研究视野中的图像[J]. 中国社会科学, 2002 (04).

[9] 顾铮. 反抗的影像与影像的反抗[J]. 上海文化, 2009 (02).

[10] 顾铮. 中国的视觉大独白：1963年《中国摄影选集》解读[J]. 上海文化, 2009 (04).

[11] 姬勇刚. 抗日战争时期解放区摄影的历史贡献及其对当代摄影的启示[J]. 中国美术, 2013 (06).

[12] 姬勇刚. 抗日战争时期解放区摄影的艺术表现特征[J]. 艺术教育, 2013 (11).

[13] 孔令伟. 近代中国的视觉启蒙[J]. 文艺研究, 2009 (08).

后记

  山西抗日根据地影像的传播历程是近代中国影像传播的重要篇章，它记录了中国共产党领导根据地人民在民族解放斗争中的珍贵历史，对这些珍贵历史影像的收集和整理，不但让我们重温了那段苦难而辉煌的岁月，更让我们对那些为民族独立、自由和解放而英勇奋斗和无私牺牲的革命先辈充满了无限的敬意。

  通过山西抗日根据地影像的记录，我们感受到了那段历史时期的残酷和艰辛。战争的硝烟弥漫，生命的鲜血洒满了土地。在山西抗日根据地影像中所记录的许多英雄人物的事迹中，他们是战场上的将士，是后方的民众，是普通百姓中的一员。他们在中国共产党的领导下，用自己的鲜血和生命，为民族解放做出了巨大贡献。这些英雄人物形象在影像中的再现，让我们可以更加深刻地理解抗日战争对于中国共产党和中华民族的意义和价值。那些为了我们的国家和民族的利益，做出重大贡献甚至付出宝贵生命的革命英雄，以坚定的意志和不屈的精神，用自己的血肉之躯，捍卫了国家和民族的尊严，他们的奉献和牺牲将永远铭记在我们的心中，他们的精神将永远激励着我们前行。

  和平来之不易，在纷乱复杂的国际环境中，我们不但要时刻铭记历史，珍爱和平，还要继续传承和发扬抗战精神，使之成为我们民族勇往直前的不懈动力。

  同时，我们也希望通过山西抗日根据地的影像来缅怀那些为这些珍贵历史影像的记录付出艰辛努力和生命的前辈们，他们让我们能够更加深刻地感受那段艰苦岁月和中国人民在苦难中的团结和英勇。他们的镜头不但是历史的记录,更向后辈们传递了抗战的伟大精神和力量。他们让我们明白,抗战不仅仅是一场战争,更是一种精神,一种民族的觉醒和团结。

让我们铭记历史,传承抗战精神,为实现中华民族的伟大复兴而努力奋斗!

张焰

2023 年 6 月

致 谢

三年来，团队成员同心共济、困知勉行，不畏苦累而深入田野，力学笃行而埋身史料，终于迎来了《山西抗日根据地文化传播研究》丛书的顺利完稿。作为阶段性成果，本丛书为山西抗日根据地文化史的研究拾遗补阙，丰富了相关领域的研究。如今付梓之际，感慨良多，一路走来的点点滴滴仍历历在目，感佩之情油然而生。

丛书的写作，得到了山西传媒学院各级领导的鼎力支持。党委书记吴刚同志、院长李伟博士多次过问丛书的写作情况，他们不仅关心团队的组建，给予经费的支持，而且在写作的过程中提出了许多宝贵的意见和建议。副书记刘锐同志、副院长郭卫东教授、王红叶教授以及校办、党委宣传部、科研部、财务部、文创中心的各位领导倾心尽力，为本书的完成提供了良好的研究环境和写作条件。丛书能在短短三年多的时间内完成，实与他们的大力支持密不可分。

丛书的研讨，得到了很多专家学者的热忱协助。他们毫无保留地倾囊相授，不厌其烦地答疑解惑，不仅使团队成员获益匪浅，团队整体的知识结构也得到了不同程度的更新和提升。特别是南京大学李玉教授和山西大学郝平教授曾多次亲临中心，与团队成员数次展开多维度的研讨和交流，他们学术上的通达与精湛、待人接物中的热诚与耿介，至今仍感念在怀、没齿难忘。

丛书的出版，得到了山西省委宣传部领导的倾力相助。三年前丛书写作伊始，选题就被省委宣传部组织的专家充分肯定，并荣幸入选重点选题库。三年来，副部长骞进同志无时无刻不关心着丛书的进展，在其频频的过问与敦促中，书稿的写作得以稳步向前推进。连军处长从写作计划的铺陈到整体结构的搭建，从概念的提出到个中观点的再阐释，以及材料的挖掘与素材的运用，都无私地贡献了自己的聪明才智。郭红萍副处长则在丛书的写作进度与写作质量方面严格把关，在其督促和勉励下，我们才得以在如此短的时间内保质保量完成任务。丛书从立项至出版，离不开三位孜孜的照拂，每每想起，不胜感激。

丛书的完成，凝结着整个团队艰辛的付出和勤劳的汗水，是年轻血液敢于担当、勇于挑战、协同创新的具体实践成果。团队中，大部分成员都是首次接触著书这一工作，能够想象，在洋洋书稿背后，是他们披星戴月、埋头苦干的执着与勤勉。而团队浓厚的学术氛围、不同学科之间的相互碰撞，以及对于学术的苦心钻研，都永远地成为我们在探索真理与求知道路上的精神动力。

丛书的付梓，得到了山西人民出版社领导的不懈关注和用心扶持。社长姚军同志从选题开始就对丛书给予重视，连续三年不遗余力地反复申报。责编张慧兵同志多次亲临中心与作者沟通，在书稿交付后精心编排，使丛书增辉不少。他们展现出的专业精神令人钦佩，丛书的顺利付梓集结了他们的智慧和心血。

山西抗日根据地文化传播的研究，承载着厚实的历史信息与丰硕的文化内涵，更深层次的学术研究仍有待进一步开展，前面还有更长的求索之路需要我们砥砺前行。真诚希望各级领导和专家学者对团队下一步的研究给予更多的鼓励和扶助。在此，我谨代表团队全体，对曾支持、指导和关心过我们的所有人表示衷心的感谢。在研究撰写过程中，还参考引用了国内外大量档案资料和近年来许多专家学者的研究成果，在此也一并表示诚挚的谢意。

山西传媒学院文创中心

张汉静

2021 年 10 月 18 日